니팅 스튜디오 丹珠, 이해옥의 디자인 손뜨개

design DIY 01

# 반가워, 손뜨개

처음 떠보는 머플러, 모자 그리고 장갑

*design* house

# 차례

| | |
|---|---|
| 터틀넥 워머 Turtleneck Warmer | 010 |
| 캐미시어 모자 Cashmere Toque | 012 |
| 꽈배기 넥 워머 Cabled Neck Warmer | 018 |
| 고무뜨기 반장갑 Ribbed Hand Warmer | 022 |
| 스타일리시 이랑뜨기 머플러 Stylish Garter Stitch Muffler | 026 |
| 귀 가리개 모자 Earflap Hat | 030 |
| 히피풍 귀 가리개 모자 Hippie Earflap Hat | 032 |
| 롱 암 워머 Long Arm Warmer | 036 |
| 모헤어 삼각 숄 Mohair Lacy Shawl | 040 |
| 후드 머플러 Hoodie Muffler | 046 |
| 후디 넥 워머 Hoodie Neck Warmer | 050 |
| 회오리 머플러 Twister Muffler | 054 |
| 변형고무뜨기 머플러 Brioche Rib Muffler | 060 |
| 변형고무뜨기 모자 Brioche Rib Hat | 062 |
| 강아지 스웨터 Colorful Doggy Sweater | 064 |
| 강아지 후디 Doggy Hoodie | 066 |
| 무지개 머플러 Rainbow Muffler | 068 |
| 청키 머플러 Chunky Muffler | 070 |
| 버클 여밈 미니 케이프 Buckled Mini Cape | 074 |
| 색동 이랑뜨기 머플러 Multicolor Muffler | 078 |
| 변형고무뜨기 넥 워머 Brioche Rib Neck Warmer | 080 |
| 쇼퍼백 Shopper Bag | 084 |
| 패치워크 가방 Patchwork Bag | 088 |
| 배꽃 코사지 Pear Blossom Corsage | 092 |
| 수레바퀴 코사지 Wheel Corsage | 094 |
| 펠트 반장갑 Felt Mitten | 098 |
| 캐주얼 펠트 백 Casual Handbag | 102 |
| 펠트 폰 케이스 Smart Phone Case | 104 |
| 펠트 덧신 Felt Slipper | 106 |
| 펠트 쇼퍼백 Felt Shopper Bag | 110 |
| 펠트 토트백 Felt Tote Bag | 116 |
| 아기 펠트 덧신 Felt Slipper | 120 |
| | |
| 작품을 만들기 전에 알아두세요 | 124 |
| 실 라벨을 읽으면, 손뜨개가 보인다! | 125 |
| 상세 도안 읽기 | 126 |
| 대바늘뜨기 기초편 | 127 |
| 코바늘뜨기 기초편 | 139 |

나는 뜨개질을 하고 있으면 한없이 행복해진다.

뜨개바늘을 부지런히 놀리다보면 불안한 마음도, 조급한 마음도 사라지고 어느새 마음이 평안해진다. 누군가에게 줄 선물이든 나를 위한 것이든 손뜨개는 결과물이 아닌 과정 그 자체가 사람을 위로하고 행복하게 해주는 마력이 있다.

손뜨개를 가르치면서 초보자들도 손뜨개를 시작하면 내가 느낀 이런 행복감이 어떤 것인지 금방 깨닫게 된다는 것을 알게 되었다. 그래서 초보자들을 위한 손뜨개 책을 기획하면서 제일 염두에 둔 것이, 어떻게 하면 초보자들이 쉽고 즐겁게 손뜨개를 경험할 수 있을까 하는 것이었다. 그래서 한 눈에 봐도 뜨고 싶은 예쁘고 멋있는 아이템, 나도 할 수 있겠다는 마음이 들 만한 쉽고 단순한 디자인 위주의 아이템을 심혈을 기울여 선정했다.

흔히들 '손뜨개' 하면 틀에 박힌 촌스러운 디자인을 떠올린다. 나는 손뜨개를 시작하려는 이들에게 그런 손뜨개 디자인의 한계를 벗어나 정말로 이 세상에 하나밖에 없는 진정한 '명품'을 내 손으로 직접 만드는 즐거움을 알게 해주고 싶다. 무엇보다 독자들이 만드는 즐거움을 뛰어 넘어 입는 즐거움까지 마음껏 누릴 수 있었으면 하는 것이 내가 책을 만드는 이유이자 목표이다.

뜨개바늘을 처음 잡는 이라 할지라도 이 책에 수록된 상세한 기초 기법들을 익히고 따라 하다 보면 어느새 디자인 요소를 가미한 멋진 손뜨개 작품을 완성할 수 있을 것이고, 뜨개질을 통한 색다른 즐거움을 맛볼 수 있을 것이다. 물론 독특하고 세련된 작품을 스스로 만들어나간다는 행복한 성취감도 얻게 될 것이다.

또 한 가지, 이 책을 통해 꼭 해보고 싶은 것이 있었다.
기존 손뜨개 시장에서 통용되고 있는 국적불명의 외래 용어나 어려운 한자 용어를 쉬운
한글 용어로 바꾸는 것이었다. 예를 들면, 일본에서 온 메리야스뜨기라는 용어는
겉뜨기편이라는 용어로, 가터뜨기는 아름답고 예쁜 우리말인
이랑뜨기로 바꾸어 사용했다. 물론 일상적으로 사용하는 용어들을
하루아침에 바꾸는 것이 결코 쉽지는 않을 것이다.
하지만 이런 작은 시도를 통해 뜨개질을 처음 접하는 젊은 독자들부터
쉽고 편한 용어를 익히고 사용하다보면 손뜨개 시장에서 습관적으로
통용되고 있는 외래어들을 점진적으로 순화시킬 수 있을 것이라 믿는다.

내 손으로 만든 손뜨개 디자인과 단순한 기법들이
독자들의 손을 통해 또 다른 근사한 명품으로 거듭나고,
이를 통해 독자들이 사랑하는 이와 따뜻한 마음을 나누고
일상의 소박한 행복을 찾아가는데 도움이 되었으면 좋겠다.

소격동 작업실 실타래 앞에서 芝寅 이해옥

# 터틀넥 워머 Turtleneck Warmer

고무뜨기로 만든 적당한 둘레의 터틀넥이 목을 포근하게 감싸주어 보온성이 뛰어나고, 오른쪽 어깨 트임으로 편안하게 입을 수 있는 실용적인 넥 워머로, 초보자도 비교적 쉽게 도전할 수 있는 디자인이다.

난이도 : ●●●○○
주요 기법 : 멍석뜨기, 고무뜨기, 1코 중심 세우고 양 옆에서 대칭이 되도록 코 줄이기
실 소요량 : 굵은 양모실 빨간색 300g(3타래)
바늘 : 8 & 9mm
게이지 : 10코 15단
완성 치수 : 어깨둘레 94cm, 길이 41cm

### 어깨 모양내기(분산 코줄임 하기)

1. 착용했을 때 입체감을 살리기 위해 어깨 부분 4군데에서 분산 코줄임을 한다.
   모두 4군데 지점에서 1코 중심을 세우고 양옆에서 각각 1코씩을 줄이면, 1단을 떴을 때 모두 8코가 줄어들게 된다.
2. 31단(바깥 면) : 첫 코 걸러뜨기, 멍석뜨기 3코, 겉뜨기 5코, [왼코겹치기, 겉뜨기 1코, 오른코겹치기, 겉뜨기 18코] 과정을 3번 반복한 후, 왼코겹치기, 겉뜨기 1코, 오른코겹치기, 겉뜨기 5코, 남은 4코를 멍석뜨기로 뜬다.(84코)
3. 32~34단 : 무늬를 따라 그대로 뜬다.
4. 35단 : 첫 코 걸러뜨기, 멍석뜨기 3코, 겉뜨기 4코, [왼코겹치기, 겉뜨기 1코, 오른코겹치기, 겉뜨기 16코] 과정을 3번 반복한 후, 왼코겹치기, 겉뜨기 1코, 오른코겹치기, 겉뜨기 4코, 남은 4코를 멍석뜨기로 뜬다.(76코)
5. 36단 : 첫 코 걸러뜨기, 멍석뜨기 3코, 안뜨기 68코를 뜬 후, 남은 4코를 멍석뜨기로 뜬다.(76코)
6. 37단 : 첫 코 걸러뜨기, 멍석뜨기 3코, 겉뜨기 3코, [왼코겹치기, 겉뜨기 1코, 오른코겹치기, 겉뜨기 14코] 과정을 3번 반복한 후, 왼코겹치기, 겉뜨기 1코, 오른코겹치기, 겉뜨기 3코, 남은 4코를 멍석뜨기로 뜬다.(68코)
7. 38단(안쪽 면) : 첫 코 걸러뜨기, 멍석뜨기 3코, 안뜨기 60코를 뜬 후, 남은 4코를 멍석뜨기로 뜬다.(68코)
8. 39단(바깥 면) : 뜨개 바탕의 왼쪽 가장자리인 멍석뜨기 4코가 위로 올라오도록 오른쪽 멍석뜨기 4코와 겹쳐 놓고 앞뒤코를 한꺼번에 떠서 4코를 줄이며 둥글게뜨기로 2X2 고무뜨기를 해 터틀넥을 만들기 시작한다(64코).

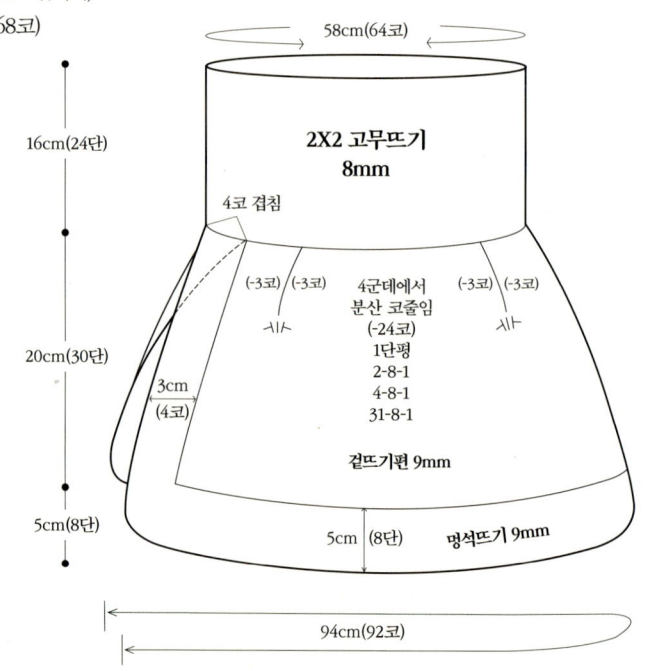

# 캐미시어 모자 Cashmere Toque

변형된 이랑뜨기를 둥글게 뜬 챙이 없는 토크 스타일의 캐시미어 모자로
캐시미어 혼방실 2겹으로 두툼하게 만들어 무늬뜨기의 입체적인 느낌을 충분히 살렸다.

난이도 : ●●●○○
주요 기법 : 둥근코 만들기, 분산 코줄임 하기, 무늬 둥글게뜨기
실 소요량 : 캐시미어 혼방 트위드실 갈색(가지색) 100g(4타래)
바늘 : 5.5 & 6.5 mm
게이지 : 12코 24단 * 2겹으로 뜬다.
완성 치수 : 머리둘레 52cm, 높이 13cm

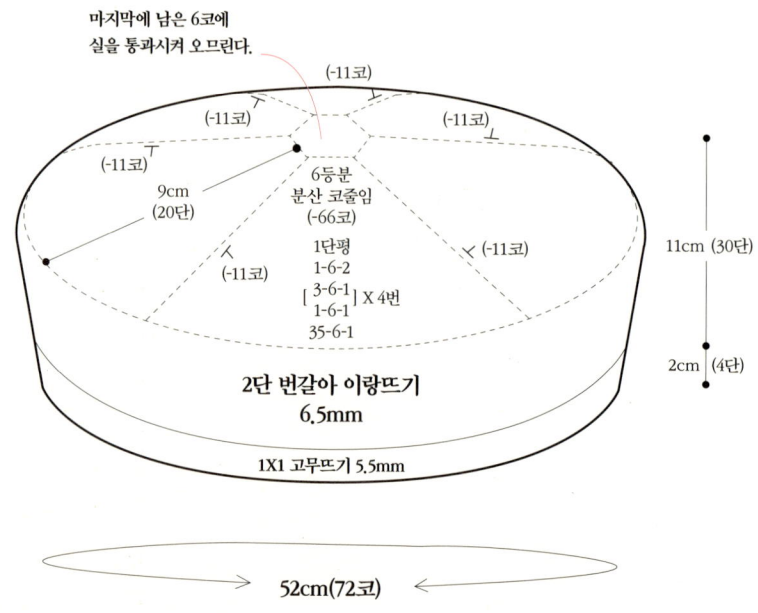

### 분산 코줄임 하기

1. 35단에서 12코 간격으로 6등분해서 1단에서 6코씩 분산해 코를 줄이기 시작한다.
2. 35단 : 10코 겉뜨기, 다음 2코를 한꺼번에 떠서 1코 줄이는 과정을 6번 반복한다.
3. 36단 : 9코 겉뜨기, 다음 2코를 한꺼번에 떠서 1코 줄이는 과정을 6번 반복한다.
4. 37~38단 : 모든 코를 안뜨기로 뜬다.
5. 39단 : [8코 겉뜨기, 왼코겹치기] 과정을 6번 반복한다.
6. 40단 : [7코 겉뜨기, 왼코겹치기] 과정을 6번 반복한다.
7. 41~42단 : 모든 코를 안뜨기로 뜬다.
8. 43단부터 위와 동일한 방법으로 6코가 남을 때까지 66코를 분산 코줄임 한다.
9. 마지막에 남은 6코는 실을 통과시켜 오므린 후, 실을 감춘다.

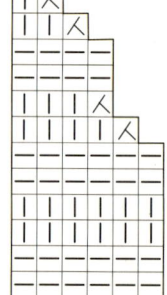

4단 반복
2단 번갈아
이랑무늬

## 1X1 고무뜨기 둥근코 만들기

이 방법은 다른 방법에 비해 신축성이 뛰어나기 때문에, 본판을 뜨는 바늘보다 1mm 가는 바늘로 코를 만드는 것이 좋다.

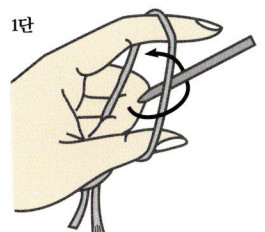 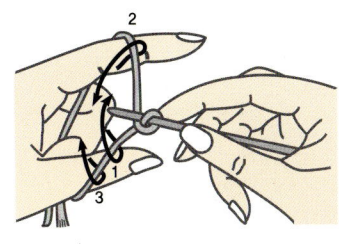 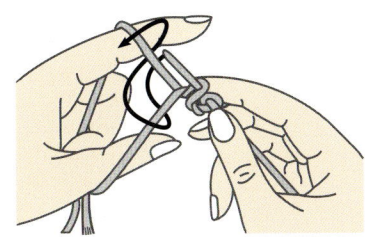

1. 뜨고자 하는 넓이의 약 3배 정도 남기고 꼬리실이 엄지에 오도록 그림과 같이 엄지와 검지에 실을 걸친 다음, 화살표처럼 실의 뒤쪽에서 바늘을 움직여 안뜨기 모양의 코를 만든다.

2. 1, 2, 3의 순서로 바늘 끝을 움직여 겉뜨기 모양의 코를 만든다.

3. 화살표대로 바늘을 움직여 안뜨기 모양의 코를 만든다. 원하는 콧수가 될 때까지 2와 3 과정을 반복하다가 마지막 코는 2와 같이 만든다.

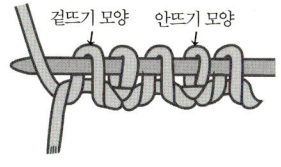 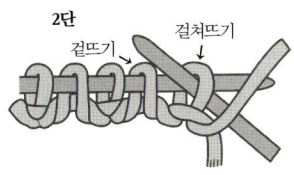 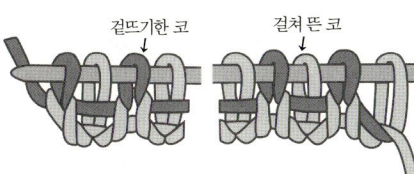

4. 1단의 왼쪽 가장자리 모양.

5. 뜨개 바탕을 뒤집어 반대편에서 2번째 단을 뜨기 시작한다. 오른쪽 가장자리 코는 뜨지 않고 오른쪽 바늘로 위치만 옮기며 걸쳐뜨기를 한다. 그 다음 겉뜨기코는 겉뜨기를 한다.

6. 걸쳐뜨기, 겉뜨기를 1코씩 번갈아가며 마지막 코까지 반복한다.

 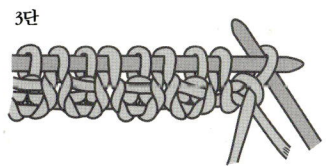 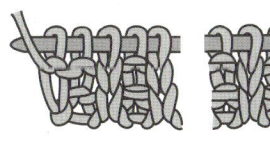

7. 뜨개 바탕을 반대편으로 뒤집어 첫 코는 걸쳐뜨기 하고, 다음 코부터 겉뜨기와 걸쳐뜨기를 1코씩 번갈아가며 끝까지 반복한다.

8. 평면으로 뜰 때는 뜨개 바탕을 뒤집어 안쪽 면을 바라보고 안뜨기로 첫 코를 뜨기 시작해 겉뜨기와 안뜨기를 1코씩 번갈아가며 반복해 3번째 단을 뜬다. 하지만 캐시미어 모자처럼 둥글게 뜰 때는 바늘을 둥글게 이어서 바깥 면을 바라보면서 겉뜨기로 첫 코를 뜨기 시작해 안뜨기와 겉뜨기를 1코씩 번갈아가며 반복해 3번째 단을 뜬다.

9. 평면으로 뜰 때는 마지막 코를 안뜨기로 떠서 오른쪽 가장자리는 겉뜨기 2코, 왼쪽 가장자리는 겉뜨기 1코로 끝나는 1X1 고무뜨기를 둥근코로 만든다. 둥글게 뜰 때도 마지막 코를 안뜨기로 떠서, 무늬가 자연스럽게 이어지도록 한다.

* 둥글게뜨기로 둥근코를 만드는 방법은 단주 홈페이지(www.danju.co.kr)의 동영상을 참고하세요.

# 꽈배기 넥 워머 Cabled Neck Warmer

클래식한 꽈배기무늬뜨기로 머플러를 만든 다음, 머플러의 시작 단과 마지막 단을 이어준 후,
가로 방향으로 눕히고 윗면에서 코를 주워 터틀넥으로 작업한 넥 워머 디자인이다.
굵은 바늘을 이용해 2겹의 실로 짠 꽈배기무늬뜨기의 투박하고 두툼한 질감이 상당히 멋스럽다.

난이도 : ●●●○○
주요 기법 : 다양한 꽈배기무늬뜨기, 단에서 코줍기, 돗바늘로 코막음한 겉뜨기편 가로 잇기
실 소요량 : 캐시미어 혼방실 주황색 400g(8타래) * 2겹으로 뜬다.
바늘 : 8mm
게이지 : 14코 18단(1X2 고무뜨기)
완성 치수 : 어깨둘레 100cm, 길이 45cm

1. 8mm 바늘을 이용해 2겹의 실로 40코를 만든 다음, 안뜨기 2코, 겉뜨기 1코, 안뜨기 4코의 순서로 뜨기 시작하면서 무늬뜨기 도안의 2번째 단을 따라서 뜬다.
2. 무늬뜨기 도안의 3번째 단부터 시작해 콧수의 변화 없이 12단씩 반복되는 꽈배기무늬뜨기를 15번 반복해 180단을 뜬 후, 모든 코를 겉뜨기로 뜨면서 코막음을 한다.
3. 꽈배기무늬뜨기 머플러의 시작 단과 코막음 단을 돗바늘을 이용해 잇는다.
4. 둥글게 연결된 꽈배기무늬뜨기 머플러의 위쪽 가장자리를 따라 90코를 주운 후, 1코 겉뜨기, 2코 안뜨기를 번갈아 뜨는 1X2 고무뜨기로 44단을 둥글게 뜬 후 무늬대로 뜨면서 코막음을 한다.

**TIP**
어느 정도 뜨개질 기본 기법에 익숙해진 사람이라면
꽈배기 머플러의 코를 만들 때 버림실을 이용해 코를 만드는
기법을 사용하고, 마지막 단 역시 코를 막지 말고 쉼코로
놓아둔 채 코를 만든 단의 버림실을 풀어버리고 양쪽 면의
쉼코들을 돗바늘을 이용해 솔기가 없도록 감쪽같이 이어주면,
훨씬 더 완성도 높은 작품을 만들 수 있다.

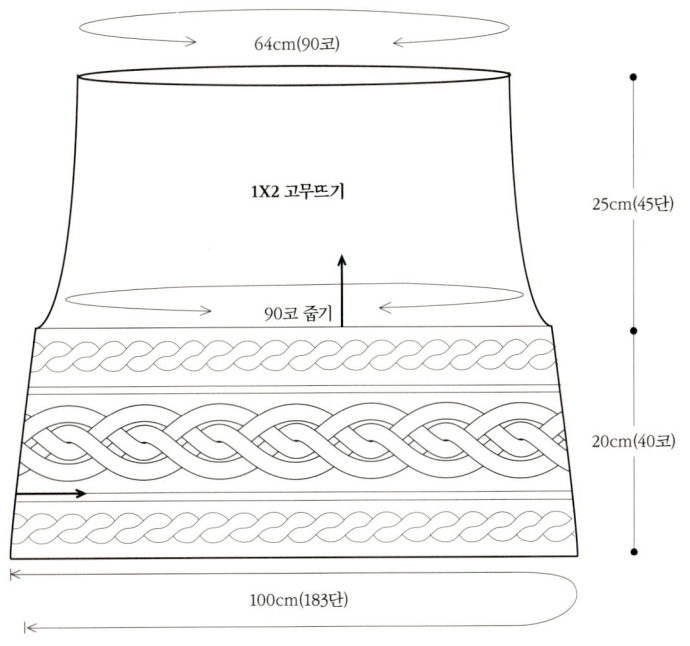

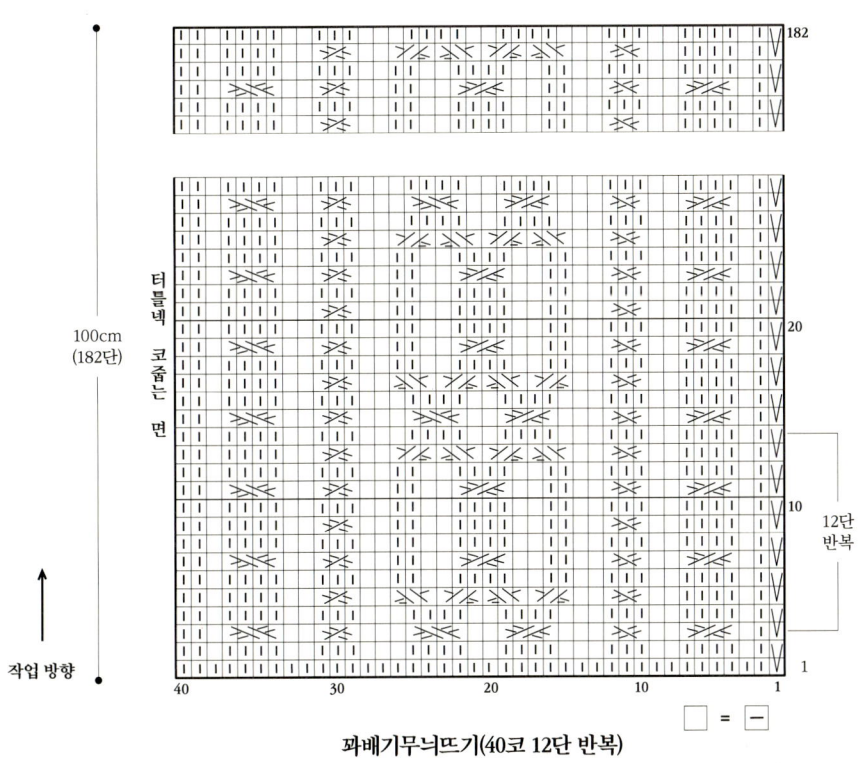

꽈배기무늬뜨기(40코 12단 반복)

# 꽈배기무늬뜨기

### 오른코 위 2X1 꽈배기무늬뜨기(아래 코 안뜨기)

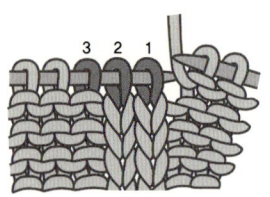
1. 1, 2번 코를 꽈배기바늘로 옮긴다.

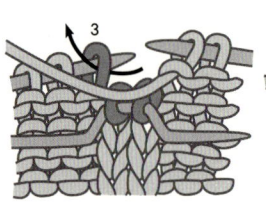
2. 꽈배기바늘을 뜨개 바탕 앞쪽으로 내려놓은 채 3번 코를 먼저 안뜨기한다.

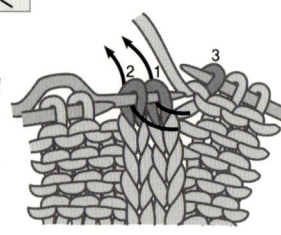
3. 꽈배기바늘에 걸어 둔 2개의 코를 번호 순서대로 겉뜨기한다.

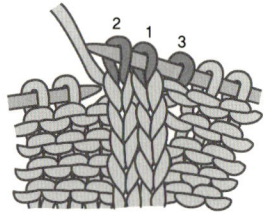
4. 마무리된 오른코 위 2X1 꽈배기무늬뜨기 모양.

### 왼코 위 2X1 꽈배기무늬뜨기(아래 코 안뜨기)

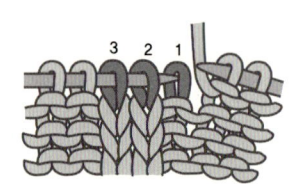
1. 1번 코를 꽈배기바늘로 옮겨 뜨개 바탕 뒤쪽으로 내려놓는다.

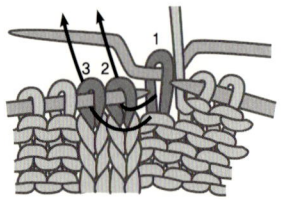
2. 2번과 3번 코를 차례로 겉뜨기한다.

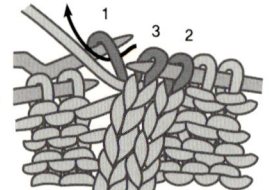
3. 꽈배기바늘에 걸어 둔 1번 코를 가져와 안뜨기한다.

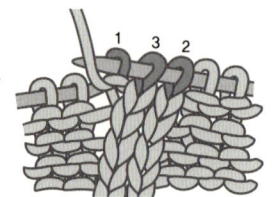
4. 마무리된 왼코 위 2X1 꽈배기무늬뜨기 모양.

### 오른코 위 1X2 꽈배기무늬뜨기

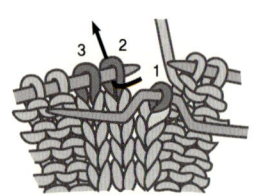
1. 1번 코를 꽈배기바늘로 옮겨 뜨개 바탕 앞쪽으로 내려놓은 다음, 2번 코를 겉뜨기한다.

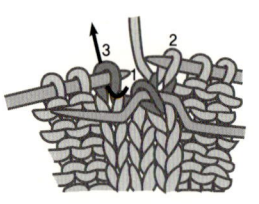
2. 이어서 다음 코인 3번 코를 겉뜨기한다.

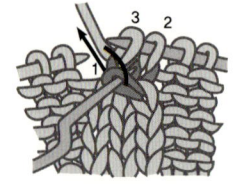
3. 꽈배기바늘에 걸어 둔 1번 코를 겉뜨기한다.

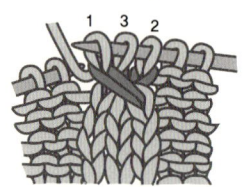
4. 마무리된 오른코 위 1X2 꽈배기무늬뜨기 모양.

### 왼코 위 1X2 꽈배기무늬뜨기

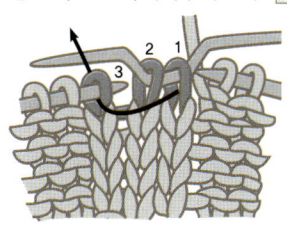

1. 1번과 2번 코를 꽈배기바늘로 옮겨서 뜨개 바탕 뒤쪽으로 내려놓은 다음, 3번 코를 먼저 겉뜨기한다.

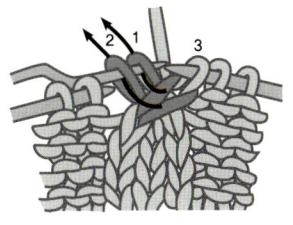

2. 꽈배기바늘에 걸어 둔 2개의 코를 번호 순서대로 겉뜨기한다.

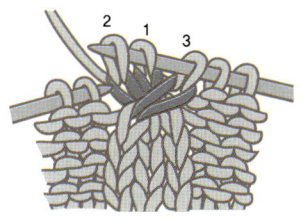

3. 마무리된 왼코 위 1X2 꽈배기무늬뜨기 모양.

### 코막음한 겉뜨기편 가로 잇기(무늬뜨기 잇기)

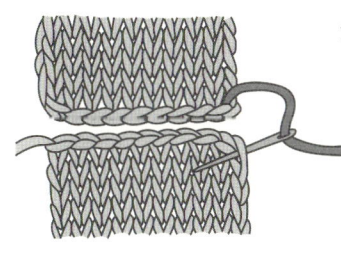

1. 아래쪽 조각의 첫 번째 코에 바늘을 안에서 바깥쪽으로 넣은 후, 화살표 방향대로 바늘을 통과시킨다.

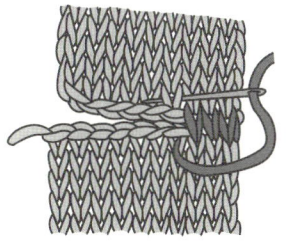

2. 그림과 같이 윗조각은 ∨자 모양으로, 아래 조각은 ∧모양으로 바늘을 번갈아 통과시키며 2조각의 이음실이 겉뜨기코 모양이 되도록 잇는다.

# 고무뜨기 반장갑 Ribbed Hand Warmer

2X2 고무뜨기로만 깔끔하게 뜬 네 손가락 부분이 없는 핸드 워머로
남녀공용으로 사용할 수 있는 유니섹스 디자인이다.

난이도 : ●●●○○
주요 기법 : 꼬아뜨기로 코 늘리기(p133 참조)
실 소요량 : 양모실 연갈색 복합색 80g(2타래)
바늘 : 4mm
게이지 : 24코 30단
완성 치수 : 손목둘레 18cm, 길이 28cm

**TIP**
펠트 덧신(p108 참조)의 발 끝 부분처럼 양옆에서 분산 코줄임으로 모양을 내면서
계속 뜨면 손가락 끝이 막힌 벙어리장갑으로 만들 수도 있다.

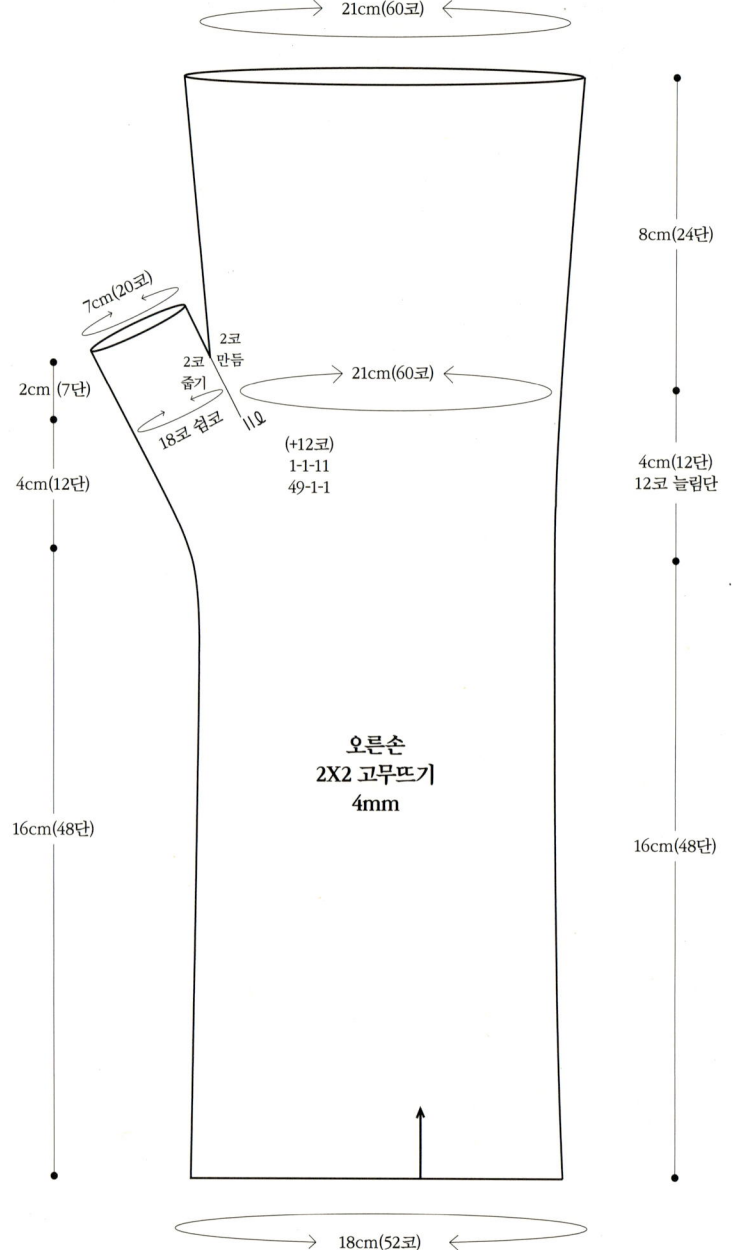

### 손등과 손바닥 코 늘리기

1. 49단 : 미리 위치 표시를 해둔 둥글게뜨기 연결 지점부터 겉뜨기 2코를 뜨기 시작하면서 20코 2X2 고무뜨기를 한다. 여기까지 뜬 후, 꼬아뜨기 방식으로 1코를 늘리고, 다시 겉뜨기 2코를 뜨면서 22코를 무늬 순서대로 2X2 고무뜨기를 한다. 그리고 꼬아뜨기 방식으로 1코를 늘린 후, 2코 안뜨기부터 시작하면서 남은 10코를 고무뜨기로 뜬다(54코).
2. 49단과 동일한 방식으로 매단마다 손등과 손바닥에서 각각 1코씩 11번 더 늘려주어 모두 24코를 늘려 76코로 만든다.
3. 61단 : 엄지 부분 모양을 내기 위해 양옆에서 코를 늘려준 중심 22코 중 가운데 18코를 색실에 걸어 쉼코로 둔다. 나머지 58코는 엄지와의 연결 부위에서 감아뜨기로 2코를 늘려 2X2 고무뜨기의 무늬가 자연스럽게 이어지도록 60코로 만들어준다. 8cm 가량 60코 그대로 무늬뜨기를 해 네 손가락 덮개 부분을 완성한다.

### TIP
둥글게뜨기로 2X2 고무뜨기를 할 때는 항상 첫 코와 마지막 코의 연결 지점에 색실이나 도구를 사용해 위치를 표시해두고 겉뜨기 2코부터 시작한다. 코를 막을 때 역시 연결 지점 첫 코부터 막기 시작한다.

### 엄지 부분 만들기
엄지 부분 연결 부위에서 감아뜨기로 늘려준 2코의 아래쪽에서 2코를 주워 색실에 걸어둔 18코 쉼코와 합해 모두 20코로 6단 가량 고무뜨기를 한 후 코를 막는다.

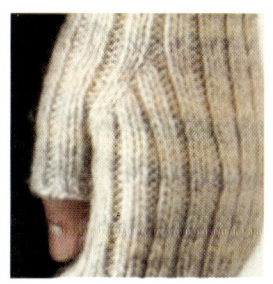

### 둥글게뜨기 마지막 코 예쁘게 연결하기

 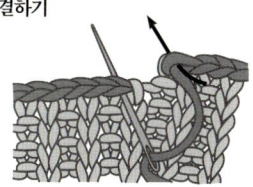

1. 둥글게뜨기 첫 코와 마지막 코 연결 지점의 첫 번째 코부터 시작해 한 바퀴를 돌며 코를 막은 후, 약 10cm 가량 남기고 실을 끊는다.
2. 돗바늘로 첫 막음코를 통과해 끝 막음코 사이로 집어넣어 감쪽같이 연결한 다음, 남은 꼬리실은 뜨개 바탕 안쪽에 깔끔하게 감춘다.

# 스타일리시 이랑뜨기 머플러 Stylish Garter Stitch Muffler

염색 가공을 하지 않은 천연 그대로의 포근한 양털색 부클레실로 이랑뜨기를 해 만든
단순한 머플러의 양쪽 가장자리에 변형고무뜨기단을 덧대어 세련된 느낌을 더했다.
초보자도 쉽게 도전할 수 있을 정도로 만들기는 매우 쉽지만 고급스러워 보이는 디자인이다.

난이도 : ●●○○○
주요 기법 : 변형고무뜨기
실 소요량 : 순모실 흰색 50g(1타래), 부클레실 천연 양털색 400g(4타래)
바늘 : 8 & 10mm
게이지 : 9코 14단
완성 치수 : 너비 27cm, 길이 182cm

**TIP**
1. 변형고무뜨기를 하며 콧수를 셀 때는 바늘에 실이 걸쳐지며 만들어진 걸기코는 별개의 코로 여기지 않으며,
   코를 만들 때는 반드시 짝수로 만든다.
2. 변형고무뜨기는 바깥 면에서 걸러 뜬 코를 안쪽 면에서 뜬 무늬뜨기이므로, 2단을 떠야만 1단이 제대로 완성된다.
   따라서 변형고무뜨기에서 그림 도안을 읽을 때나, 단수를 셀 때, 1단이란 실제로는 동일한 방식으로 바깥 면과
   안쪽 면에서 각각 1번씩 2번을 뜬 것을 뜻한다. 즉, 단을 셀 때 바깥 면에서 겉뜨기 기둥의 겉뜨기 콧수를 세는데,
   뜨개 바탕에 겉뜨기코가 10단으로 보이면, 실제로는 20단을 뜬 것이다.
3. 이랑뜨기를 할 때, 모든 단의 첫 번째 코는 겉뜨기 하듯 걸러 뜨고 나서 적절하게 실을 잡아당기면 머플러 가장자리가
   늘어지지 않아 더욱 멋진 머플러를 만들 수 있다.

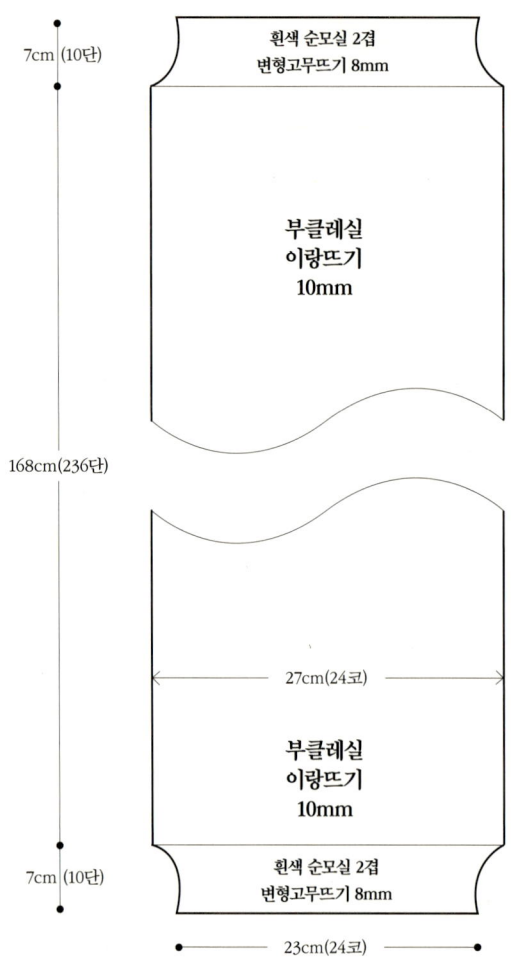

## 변형고무뜨기 단 만들기

1. 8mm 바늘과 흰색 순모실 2겹으로 24코를 만든다.
2. 첫 코는 안뜨기하듯 걸쳐 뜨고, 실을 앞으로 두고 2번째 코를 겉뜨기한 후, [1코 걸러 뜨고, 실 앞에 두고 다음 코 겉뜨기] 과정을 끝까지 반복한다. 이 때, 실을 앞에 두고 겉뜨기를 하면 바늘에 실이 자연스럽게 걸쳐지며 2코마다 1개의 걸기코가 만들어진다.
3. 안뜨기 모양의 첫 번째 코는 걸쳐뜨기한 후, 실을 앞쪽에 놓아둔 채로 그 다음 겉뜨기 모양의 코와 아랫단에서 바늘에 걸쳐지며 만들어진 걸기코를 한꺼번에 겉뜨기한다.
이 때 역시 실을 앞에 두고 다음 코를 겉뜨기하면 실이 바늘에 걸쳐지면서 걸기코가 만들어진다.
[실을 앞으로 가져온 후 다음 코 걸쳐뜨기, 겉뜨기코와 걸기코를 함께 겉뜨기] 과정을 끝까지 반복한다.
4. 바깥 면, 안쪽 면 구분 없이 3번 과정을 17번 더 반복해 변형고무뜨기 10단을 완성한다. 이 때, 바깥 면과 안쪽 면에서 각각 1번씩 3번 과정을 2번 반복해야만 변형고무뜨기 1단이 완성되는 것이므로, 실제로는 20단을 떠야 변형고무뜨기 10단을 완성할 수 있다.
5. 이어서 바늘을 10mm로 바꾸고 부클레실을 새로 연결해 앞뒷면 모두 겉뜨기만 하는 이랑뜨기로 168cm 정도 될 때까지 뜬다.

## 변형고무뜨기 단 마무리하기

1. 8mm 바늘과 흰색 순모실 2겹실로 다시 바꾸어, 첫 코는 안뜨기 뜨듯 걸쳐 뜨고, 실을 앞으로 두고 2번째 코를 겉뜨기한 후, [1코 걸러 뜨고, 실 앞에 두고 다음 코 겉뜨기] 과정을 끝까지 반복하며 변형고무뜨기의 기초단을 만든다.
2. 변형고무뜨기로 18번 더 뜬 후 모두 겉뜨기로 뜨면서 코막음을 한다. 이 때, 역시 걸기코와 겉뜨기코는 한꺼번에 겉뜨기한다.

## 영국식 변형고무뜨기

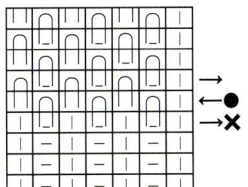

* 만드는 법
  홈페이지
  동영상 참조.

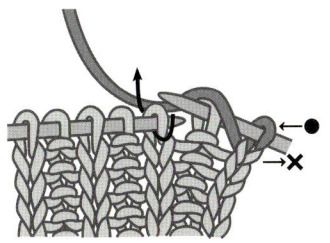

1. ●단부터 시작한다.
   겉뜨기코는 평소 겉뜨기하듯 뜬다.

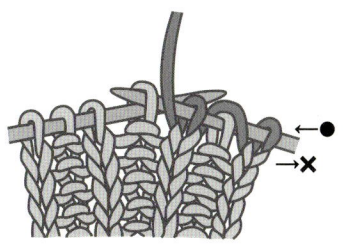

2. 안뜨기코는 실을 앞에 두고 그림과 같이 바늘만 옮기며 걸쳐 뜬다.
   실을 앞에 둔 채로 다음 겉뜨기코를 겉뜨기하면, 자연스럽게 바늘에 실이 걸쳐지면서 걸기코가 하나 생긴다.

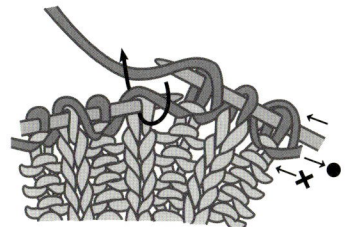

3. 두 번째 단을 뜰 때는 이전 단에서 만들어진 걸기코와 겉뜨기코를 한꺼번에 겉뜨기한다.

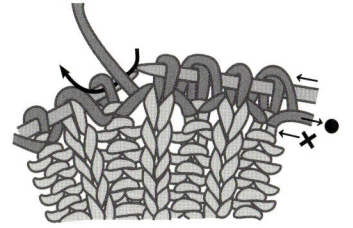

4. 안뜨기코는 실을 앞에 두고 뜨지 않고 바늘만 옮기며 걸쳐 뜬다.
   3~4 과정을 반복하면 변형고무뜨기가 완성된다.

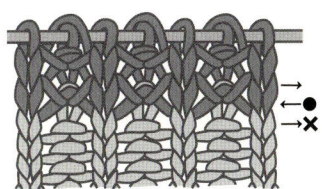

5. 변형고무뜨기로 5단을 떴을 때 뜨개 바탕의 모양으로 뜨개 바탕의 겉뜨기 기둥의 단수를 세어보면 2.5단만 보인다.

# 귀 가리개 모자 Earflap Hat

이랑뜨기로 만든 귀 가리개와 이맛단, 줄무늬 배색 등 독특한 디테일이 가득한 재미있는 모자 디자인이다.

난이도 : ●●●○○
주요 기법 : 겉뜨기로 뜨면서 여러 코 늘리기(p35 참조), 방울 만들기(p35 참조)
실 소요량 : 양모실 고동색과 파란색 각각 50g(1타래)
바늘 : 5.5 mm
게이지 : 17코 23단
완성 치수 : 머리둘레 54cm, 높이 28cm

**모자 꼭대기 모양내기(4등분 분산 코줄임 하기)**

1. 59단 : 모자의 뒤 중심으로부터 8코 겉뜨기, 왼코겹치기, 2코 겉뜨기, 오른코겹치기, [16코 겉뜨기, 왼코겹치기, 2코 겉뜨기, 오른코겹치기 과정을 3번 더 반복한 후, 남은 8코를 겉뜨기한다(80코).
2. 60~62단 : 모든 코를 겉뜨기 한다.
3. 63단 : 7코 겉뜨기, 왼코겹치기, 2코 겉뜨기, 오른코겹치기, [14코 겉뜨기, 왼코겹치기, 2코 겉뜨기, 오른코 겹치기 과정을 3번 더 반복한 후, 남은 7코를 겉뜨기한다(72코).
4. 64단 : 모든 코를 겉뜨기한다.
5. 65단 : 6코 겉뜨기, 왼코겹치기, 2코 겉뜨기, 오른코 겹치기, [12코 겉뜨기, 왼코겹치기, 2코 겉뜨기, 오른코 겹치기] 과정을 3번 더 반복한 후, 남은 6코를 겉뜨기한다(64코).
6. 66단 : 모든 코를 겉뜨기한다.
7. 67단 이후에는 위의 코줄임 방식대로 2단마다 8코씩 4번 더 코를 줄여 32코를 만든다. 바늘에 32코가 남게 되면, 매단마다 2번씩 코를 줄여주어 16코를 만든다.

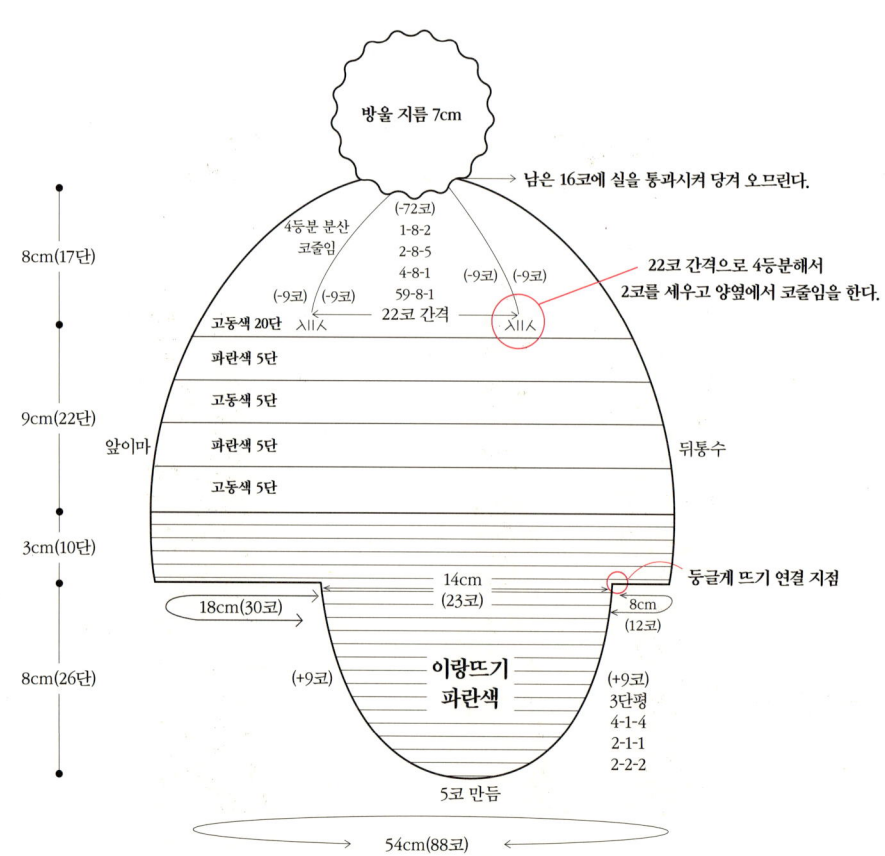

# 히피풍 귀 가리개 모자 Hippie Earflap Hat

경쾌한 멀티 컬러 실로 만든 기본적인 스타일의 귀 가리개 모자로
방울을 달고 끈을 땋아 장식해 귀엽고 발랄한 히피 스타일로 마무리했다.

난이도 : ●●●○○
주요 기법 : 겉뜨기로 뜨면서 여러 코 늘리기, 방울 만들기, 되돌려짧은뜨기로 가장자리 마무리하기
실 소요량 : 양모 혼방실, 노랑 파랑 복합색 100g(2타래)
바늘 : 5.5 mm 코바늘 3mm(5/0)
게이지 : 16코 24단
완성 치수 : 머리둘레 54cm, 높이 28cm

**TIP**
코바늘로 각진 부분의 가장자리를 짧은뜨기할 때, 1코 줄임 기법을 사용해 1코씩 줄여주면
늘어지지 않아 더욱 깔끔하게 가장자리를 장식할 수 있다(짧은뜨기 1코 줄임 p35 참조).

1. 먼저 오른쪽 귀 가리개 작업을 위해 5코를 만든다.
2. 양옆에서 8코씩 순서대로 늘리며 겉뜨기편으로 22단을 뜬 후 모두 21코를 쉼코로 둔다.
3. 동일한 방법으로 왼쪽 귀 가리개도 만든다.
4. 23단(바깥 면)에서 둥글게뜨기를 시작한다. 왼쪽 귀가리개 21코를 겉뜨기로 뜬 후 앞이마에 해당하는 30코를 만든다. 이때 겉뜨기로 뜨면서 여러 코를 늘리는 방법을 사용한다(p35 참조).
5. 30코를 늘린 후 다른 바늘에 쉼코로 보관하고 있던 오른쪽 귀 가리개 21코도 겉뜨기로 1단을 뜬다(72코).
6. 뒤통수 부분 12코도 새로 만들어 전체 모자의 둘레 콧수를 84코로 만든다.
7. 모자 높이가 12cm가 될 때까지 28단 동안 84코 그대로 이음새가 없도록 둥글게뜨기를 한다.
8. 51단에서 전체 코를 16코씩 6등분해 1단에서 6코씩 분산해 코를 줄인다. 즉, 14코를 겉뜨기로 뜬 후 15, 16번째 코를 함께 겉뜨기해 1코씩 줄여나가는 과정을 모두 6번 반복한다.
9. 12코가 남을 때까지 그림에 표시된 순서대로 모두 72코를 줄이며 분산 코줄임을 한다.
10. 남은 12코 사이로 실을 통과시킨 후 잡아당겨 마무리 한다.
11. 털 방울을 만들어 모자 꼭대기에 돗바늘로 이어 붙인다.
12. 둥글게뜨기 연결 지점에 새 실을 이어서 코바늘로 왼쪽 귀 가리개 36코, 앞이마 30코, 오른쪽 귀 가리개 36코, 뒤통수 12코 등 모두 114코를 주우며 1단 짧은 뜨기를 한 다음, 되돌려 짧은뜨기 1단으로 모자 가장자리를 깔끔하게 마무리한다.
13. 50cm 실 6가닥을 귀 가리개 끝에 끼워 12가닥을 3등분해 땋아 늘어뜨린다.

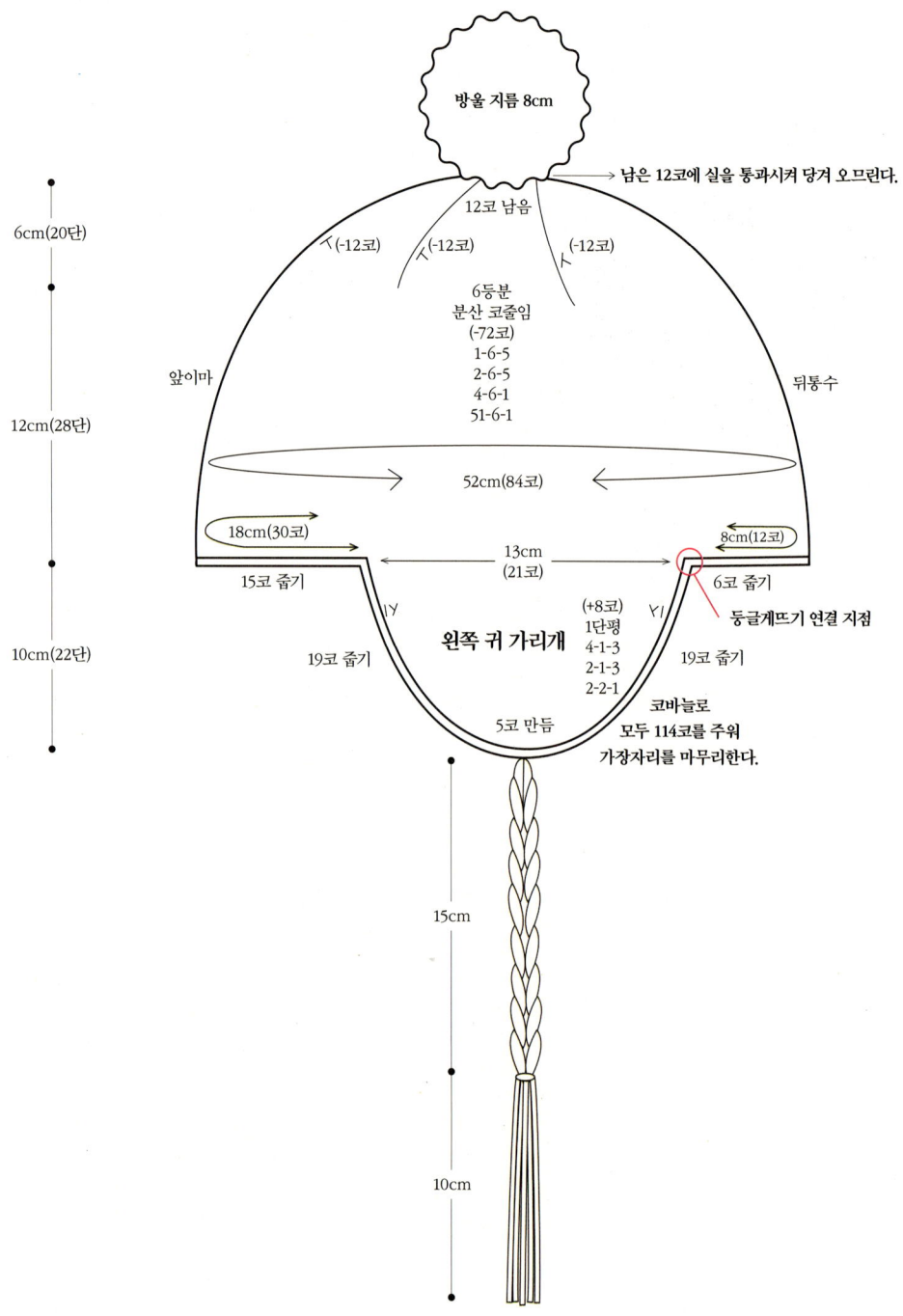

## 겉뜨기로 뜨면서 여러 코 늘리기

 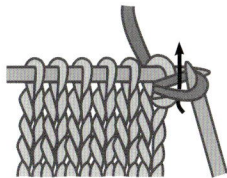  

1. 늘리고자 하는 부분의 가장자리 코 앞에서 뒤쪽 방향으로 오른쪽 바늘을 넣어 겉뜨기하듯 실을 감아 잡아 뺀다.

2. 잡아 뺀 고리를 화살표 방향대로 아래에서 위쪽으로 왼쪽 바늘을 통과시키며 바늘로 옮겨 1코를 늘린다.

3. 방금 늘린 코에 다시 오른쪽 바늘을 넣어 1, 2 과정을 반복하며 필요한 만큼 코를 늘린다.

4. 6코를 늘린 모양.

## 방울 만들기

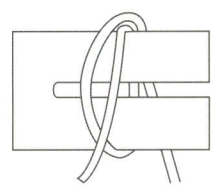 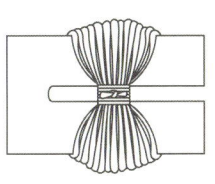 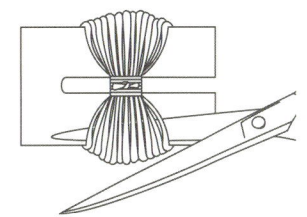 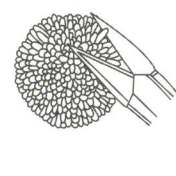

1. 만들고자 하는 방울의 지름보다 1.5cm 가량 크게 종이를 오려 2겹의 실로 100회 이상 충분히 감는다.

2. 방울의 중심을 튼튼한 재봉실로 단단히 묶는다.

3. 아래와 위 가장자리에서 고리를 자른다.

4. 가위를 사용해 방울 모양을 가지런하게 다듬는다.

## 짧은뜨기 1코 줄이기

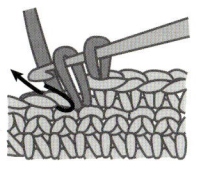 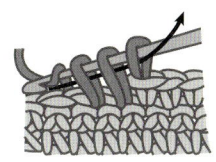 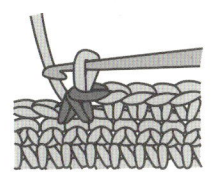

1. 이전 단의 짧은뜨기 2코 중 첫 번째 코에서 실을 감아 빼는 짧은뜨기의 중간 과정까지만 하고, 2번째 코에 화살표 방향으로 넣어 바늘로 실을 감아 뺀다.

2. 바늘에 실을 한번 감아 화살표 방향대로 바늘에 걸쳐 있는 고리 3개 사이로 한번에 빼낸다.

3. 짧은뜨기 2코를 1코로 만들어 1코가 줄어든 모양.

# 롱 암 워머 Long Arm Warmer

세로 단춧구멍을 만들듯 엄지손가락 구멍을 만든 암 워머로, 둥글게뜨기가 아니라 평면뜨기로 겉뜨기편을 만든 다음 옆선을 돗바늘로 이어준 디자인이다.
초보자라도 누구나 쉽게 도전할 수 있는 어렵지 않은 작품이다.

난이도 : ●●○○○
주요 기법 : 손가락 구멍 만들기, 겉뜨기편 세로 잇기(옆선 잇기)
실 소요량 : 양모실 보라 검정 복합색 80g(2타래)
바늘 : 3.5 & 4mm
게이지 : 23코 32단
완성 치수 : 팔둘레 20cm, 길이 34cm

**TIP**
오른손 암 워머는 엄지 구멍이 반대편 위치에 오도록 대칭이 되는 모양으로 만든다.
이음새 없이 둥글게뜨기로 만들면 보다 완성도 높은 암 워머를 만들 수 있다.

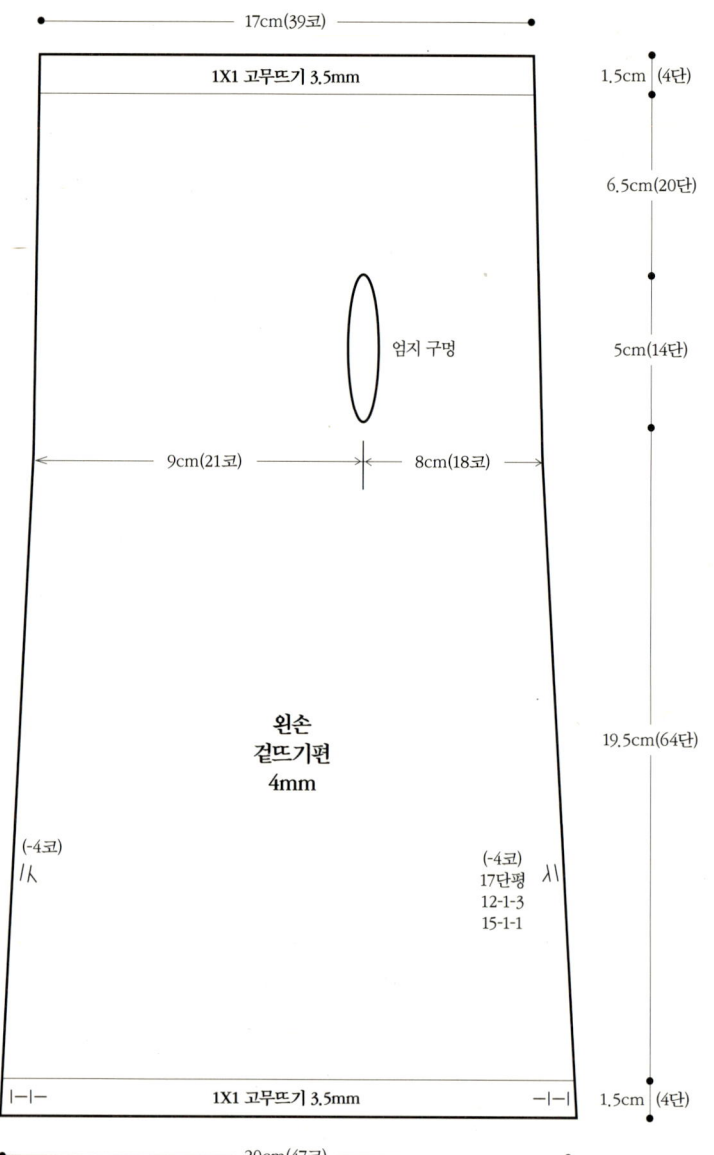

**엄지 구멍 만들기**

1. 69단(바깥 면)에서 18코를 겉뜨기로 뜬 다음, 남은 21코는 쉼코로 두고 중간에서 되돌아온다.
2. 18코 안뜨기 단부터 시작해 11단 더 겉뜨기편으로 뜬 후, 18코를 겉뜨기로 뜬 다음 실을 끊고 쉼코로 둔다.
3. 69단에 둔 쉼코 21코에 새 실을 이어서 겉뜨기 21코부터 시작해 13단을 겉뜨기편으로 뜬다.
4. 82단(안쪽 면)에서 반대편 18코 쉼코까지 한 바늘로 합해 모두 39코를 안뜨기로 뜬다.

**겉뜨기편 세로 잇기**

\* 이 기법은 펠트 반장갑(p98)와 강아지 옷(p64, 66) 옆선 잇기에도 사용되는 기법이다.

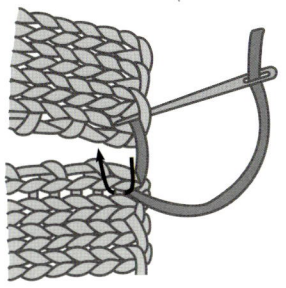 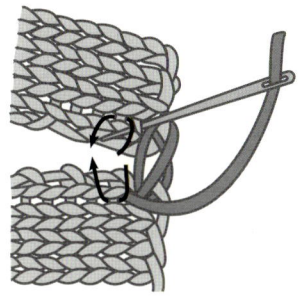 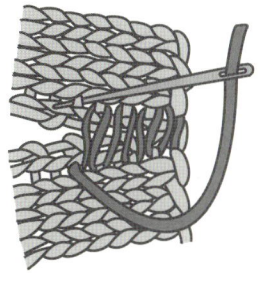

1. 이어야 할 2조각의 바깥 면이 보이도록 나란히 놓고, 첫 번째 단의 양쪽 코에 가장자리에서 1코 안쪽(온코)으로 바늘을 넣어 8자 모양으로 연결한다.

2. 2조각의 가장자리부터 첫 번째 코와 2번째 코 사이의 가로 실을 한 가닥씩 번갈아가며 바늘로 줍는다. 경우에 따라 2가닥씩 줍기도 한다.

3. 이은 실이 보이지 않을 정도로 적당한 강도로 잡아당겨 2조각을 잇는다. 두꺼운 실의 경우 온코 대신 반코로 세로 잇기를 하기도 한다.

# 모헤어 삼각 숄 Mohair Lacy Shawl

은은한 광택과 포근한 촉감을 특징으로 하는 실크 혼방 모헤어 실의 매력을 십분 살린 작품으로, 강렬한 느낌의 색감을 강조해 포인트를 준 미니 삼각 숄이다. 스타일링 방법에 따라 다양한 느낌으로 연출할 수 있는 액센트 소품으로, 올 겨울의 '머스트 해브' 아이템이다.

난이도 : ●●●○○
주요 기법 : 벌집무늬뜨기, 감아뜨기로 코 늘리기
실 소요량 : 모헤어실 주홍색 50g(2타래) * 2겹으로 뜬다.
바늘 : 6.5mm
게이지 : 12코 11단
완성 치수 : 너비 124cm, 길이 57cm

1. 1단(바깥 면) : 실을 2겹으로 합해 매듭코로 첫 코를 만든 다음 감아뜨기로 3코를 만든다.
2. 2단(안쪽 면) : 1단에서 감아뜨기로 늘린 3코 중 2코를 안뜨기를 하며 바로 코막음해 1코를 늘려주고 1코 겉뜨기를 한다(2코).
3. 3단(바깥 면) : 감아뜨기로 3코를 늘린 다음 바로 2코를 겉뜨기로 코막음해 1코를 늘려주고 기존의 2코를 겉뜨기한 다음, 감아뜨기로 3코를 늘린다.
4. 4단(안쪽 면) : 3단 마지막에서 늘린 3코 중 2코를 안뜨기로 코막음해 1코를 늘려주고 3코 겉뜨기를 한다(4코).
5. 5단(바깥 면) : 감아뜨기로 3코를 늘린 다음 바로 2코를 겉뜨기로 코막음해 1코를 늘려주고, 그 다음 2코를 겉뜨기로 뜬다. 실을 앞으로 가져와 놓아둔 채, 다음 코를 겉뜨기하듯 바늘만 옮겨주고, 그 다음 코를 겉뜨기한 다음 덮어쓰우는 오른코겹치기를 해 자연스럽게 걸기코 하나를 만든다. 마지막 코를 겉뜨기한 다음에 감아뜨기로 3코를 늘린다.
6. 6단(안쪽 면) : 5단 마지막에서 늘린 3코 중 2코를 안뜨기로 막아주고 5코를 안뜨기로 뜬다(6코).
7. 7단(바깥 면) : 감아뜨기로 3코를 늘린 다음 바로 2코를 겉뜨기로 코막음하고, 그 다음 1코를 겉뜨기한 후, 다음 2코를 한꺼번에 뜨는 왼코겹치기를 한다. 실을 앞으로 가져와 놓아둔 채, 다음 2코 역시 왼코겹치기로 작업하면서 자연스럽게 걸기코 하나를 만든다. 실을 다시 앞으로 가져온 다음에 남은 2코를 겉뜨기한 후 감아뜨기로 3코를 늘린다.
8. 8단(안쪽 면) : 7단 마지막에서 늘린 3코 중 2코를 안뜨기로 막아주고 남은 7코를 안뜨기한다(8코).
9. 9~12단 : 매단 시작 부분에서 방울을 만들며 1코씩 늘려주면서, 5~8단과 동일한 방식으로 도안을 읽으며 벌집무늬뜨기를 반복한다. 모헤어실 2타래를 다 사용할 때까지 9~12단까지 4단에 걸친 무늬뜨기를 반복하면서 벌집무늬뜨기를 한다. 실을 다 사용한 다음에는 반드시 느슨하게 코를 막으며 마무리한다.

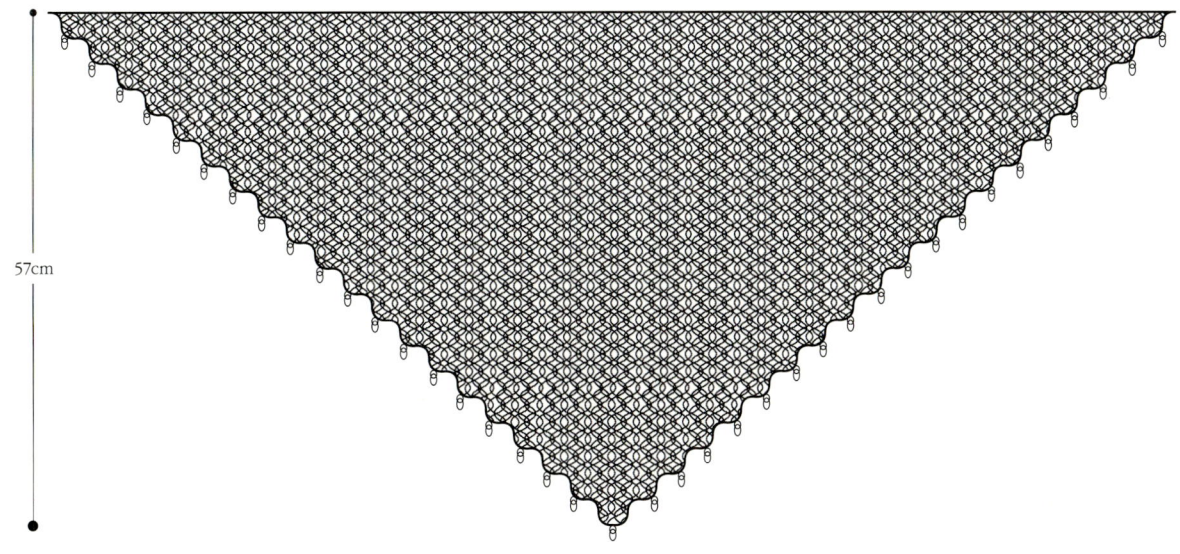

124cm
57cm

벌집무늬뜨기(2코 4단 반복)

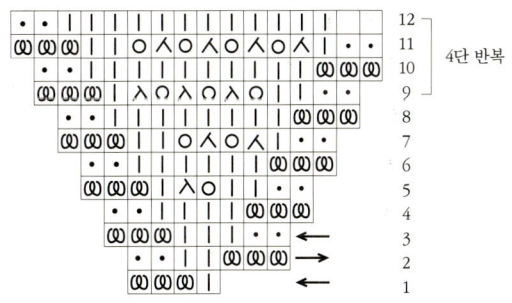

4단 반복

## 감아뜨기로 코 늘리기

\* 감아뜨기로 코를 늘리는 기법은 가장자리에서 여러 코를 늘릴 때 사용한다.
펠트 반장갑(98p 참조) 엄지 구멍을 만들 때도 사용되는 기법이다.

### 오른쪽 가장자리에서 코 늘리기

1. 코 늘림 단에서 검지를 이용해 필요한 콧수만큼 오른쪽 바늘에 실을 걸어 감는다.

2. 실을 감아 3코를 늘린 모양.

3. 첫 코부터 오른쪽 바늘을 앞에서 뒤쪽으로 넣어 겉뜨기를 한다.

### 왼쪽 가장자리에서 코 늘리기

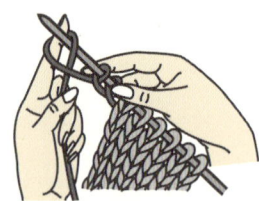
1. 코를 늘리고자 하는 단 바로 전 위치에서 검지를 이용해 필요한 콧수만큼 오른쪽 바늘에 실을 걸어 감는다.

2. 실을 감아 3코를 늘린 모양.

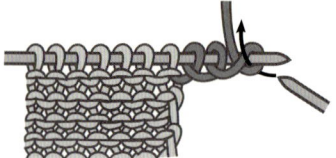
3. 다음 단 첫 코부터 오른쪽 바늘을 뒤에서 앞쪽으로 질러 넣어 안뜨기를 한다.

# 후드 머플러 Hoodie Muffler

후드가 달린 캐시미어 머플러로 평범한 디자인이지만 각각 색깔이 다른 속주머니를 달아 액센트를 주었고, 삼색 방울을 후드 꼭대기에 달아 경쾌함을 더했다.

난이도 : ●●●●○
주요 기법 : 호주머니 만들어 붙이기, 되돌아뜨기, 겉뜨기로 뜨면서 여러 코 늘리기(p35 참조), 코바늘로 겉뜨기편 가로 잇기, 둥근코 만들기(p15 참조)
실 소요량 : 캐시미어 혼방실 자주색 240g(8타래), 배색실 연갈색과 수박색 각 1타래씩
바늘 : 4.5mm
게이지 : 20코 24단
완성 치수 : 너비 20cm, 길이 약 105cm

**TIP**
후드 꼭대기 지점의 이음선이 바깥 면으로 나오도록 뜨개 바탕 안쪽 면끼리 마주 대고 코바늘로 잇는다.

047

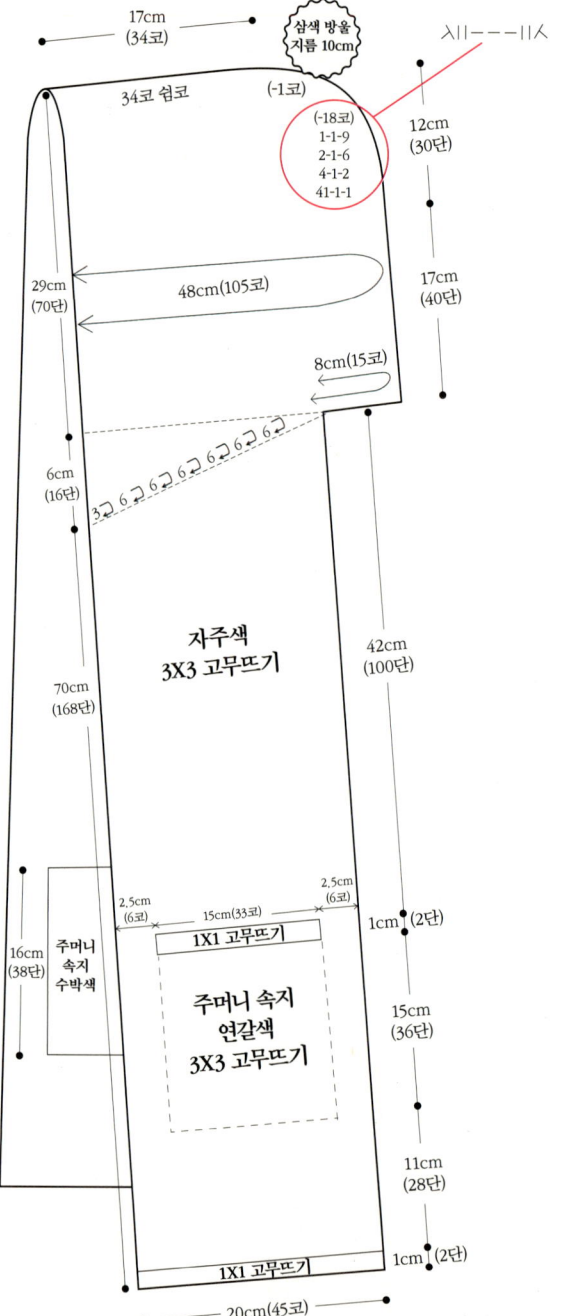

### 후드 연결을 위한 코바늘로 겉뜨기편 가로 잇기

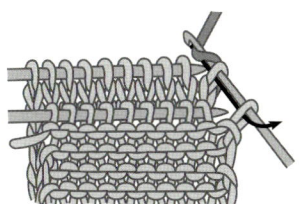

1. 이을 2조각을 바깥끼리 마주 댄 상태에서 코바늘을 2조각의 첫 번째 코에 동시에 넣어 실을 건 후 한꺼번에 고리를 앞으로 빼낸다.

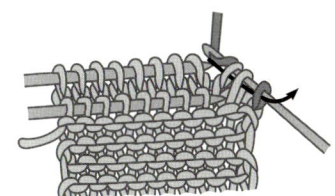

2. 다음 코들에 코바늘을 동시에 넣고 실을 걸어 코바늘에 걸쳐 있는 3코를 모두 통과해 고리를 빼낸다.

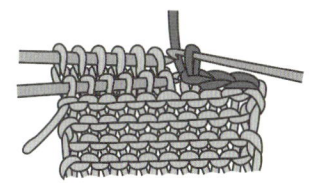

3. 2와 같이 빼뜨기 기법을 반복해 남은 코들을 덮어씌우며 2조각을 잇는다.

### 후드 정수리 부분 모양내기

1. 41단 : 47코 3X3 고무뜨기, 왼코겹치기, 2코 겉뜨기, 3코 안뜨기, 2코 겉뜨기, 오른코겹치기, 남은 47코 3X3 고무뜨기를 한다(103코).
2. 42~44단 : 무늬 순서대로 고무뜨기를 한다.
3. 45단 : 46코 3X3 고무뜨기, 왼코겹치기, 2코 겉뜨기, 3코 안뜨기, 2코 겉뜨기, 오른코겹치기, 남은 46코 3X3 고무뜨기를 한다(101코).
4. 위와 같이 7코를 중심으로 세우고 양옆에서 대칭이 되는 모양으로 모두 69코가 남을 때까지 코를 줄인다.
   이때, 마지막 코줄임을 하는 단 한가운데의 안뜨기 3코 중 2코를 한꺼번에 안뜨기해 68코를 만들어준다.
5. 34코씩 코를 절반으로 나누어 솔기가 바깥으로 나오도록 뜨개 바탕의 안쪽 면끼리 마주 대고 코바늘을 이용해 빼뜨기로 잇는다.

### 주머니 만들기

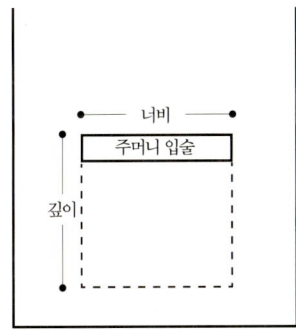

1. 머플러는 주로 고무뜨기를 하는 주머니 입술까지 뜬 후, 주머니 너비에 해당되는 콧수만큼 코를 막고 나머지 머플러 코는 쉼코로 두고 주머니 속지를 만든다.

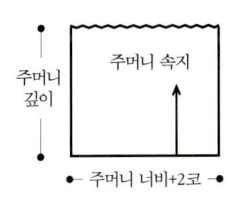

2. 주머니 너비에 솔기 2코를 더해주고 주머니 속지를 머플러와 별개로 원하는 주머니 깊이만큼 만든 후 쉼코로 둔다.

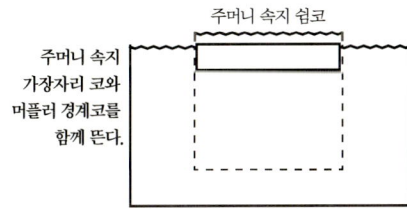

3. 머플러에 속지를 연결할 때, 주머니와의 경계선인 머플러 첫 번째 쉼코와 주머니 양 가장자리의 솔기코를 한꺼번에 떠서 머플러와 주머니 속지를 튼튼하게 이어주면, 머플러 콧수에 변화 없이 주머니가 만들어진다. 속지는 머플러 안쪽 면에서 돗바늘로 잇는다.

# 후디 넥 워머 Hoodie Neck Warmer

머리에 잘 맞도록 디자인한 후드가 달린 헬멧 스타일의 귀여운 넥 워머이다.

난이도 : ●●●●●
주요 기법 : 되돌아뜨기(p58~59 참조), 정수리 부분 코 줄이기, 1코 단춧구멍 만들기, 단에서 코줍기(p136 참조)
실 소요량 : 알파카 혼방실 풀색 100g(2타래)
바늘 : 5.5mm
게이지 : 14코 22단
완성 치수 : 목둘레 60cm, 길이 38cm
부속 재료 : 정사각형 나무 단추(2.3cm) 3개

1. 100코를 만든다.
2. 6단에서 첫 번째 단춧구멍을 만들면서 고무뜨기 8단을 떠서 밑단을 만든다.
3. 9단 : 첫 코 걸러뜨기, [2코 겉뜨기, 2코 안뜨기] X 3번 반복, 다음 35코를 겉뜨기한 후 되돌아온다. 9단에서부터 뒤 중심을 기준으로 양쪽으로 되돌아뜨기를 시작해 앞단과 뒷목 사이에 약 5cm 정도 단 차이를 주어 착용감을 편안하게 해준다. 이때, 단추로 여미는 양쪽 가장자리의 앞단 13코는 밑단과 같게 그대로 2X2 고무뜨기를 하고, 가운데 74코만 겉뜨기편으로 바꾸어 뜬다.
4. 먼저 오른쪽 측면을 뒤 중심부터 그림과 같이 되돌아뜨기를 한 후 반대편도 대칭이 되도록 되돌아뜨기를 한다.
5. 좌우 모두 되돌아뜨기를 끝낸 후에, 2단 더 뜬다.
6. 23단 : 고무뜨기 앞단 13코를 쉼코로 두고, 겉뜨기편의 양쪽 가장자리에서 3코를 막으며 얼굴둘레 모양을 내기 시작한다.
7. 양쪽 측면에서 2-2-1, 2-1-3, 4-1-1 순서로 각각 9코씩 코를 줄여 56코를 만든다.
8. 뒤 중심에서 고무뜨기 밑단을 포함해 길이가 25cm 되는 지점까지 56코 그대로 계속 겉뜨기편으로 뜬다.
9. 55단 : 뒤중심에서 10코를 가운데 두고 양쪽에서 코를 줄이기 시작한다. 즉, 처음 22코를 겉뜨기로 뜨고 23번째와 24번째 코를 한꺼번에 겉뜨기하고, 8코 겉뜨기한 후, 다음 두 코는 오른코겹치기로 뜨고, 남은 코를 모두 겉뜨기로 뜬다.
10. 위와 같은 방식으로 그림의 지시대로 양옆에서 10코씩 모두 20코를 줄인다(36코).
11. 69단 : 바늘에 남아 있는 36코를 오른쪽 측면 13코, 정수리판 10코, 왼쪽 측면 13코로 분리해 위치를 표시한다. 위치 표시 1코 전까지 오른쪽 측면 12코를 겉뜨기로 뜬 후, 13번째 코와 정수리판 오른쪽 가장자리 코를 왼코겹치기로 함께 뜬다. 다음 위치 표시 1코 전까지 8코를 겉뜨기로 뜬 다음, 정수리판 왼편 가장자리 코를 그 다음 코와 오른코겹치기로 덮어씌우며 왼쪽 측면에서 1코를 줄인 다음, 되돌아뜨기 위해서 뜨개바탕을 뒤집는다.
12. 70단 : 위치 표시 1코 전까지 왼쪽 측면 11코를 안뜨기로 뜬 후, 위치 표시 양 옆의 코인 12번째 코와 13번째 코를 오른코겹쳐안뜨기 방식으로 순서를 바꿔 함께 안뜨기해준 다음, 정수리판 8코를 안뜨기로 뜬 후 다음 2코를 한꺼번에 안뜨기하고 나머지코를 안뜨기한다. 한 다음에 뜨개바탕을 뒤집어 되돌아 뜬다.
13. 위의 2단과 같은 방식으로 중심의 정수리판 10코만 계속 겉뜨기로 뜨면서, 측면에 남은 13코는 매단마다 정수리판의 양쪽 가장자리 코와 좌우로 대칭이 되도록 겹쳐뜨기해 정수리판의 10코만이 바늘에 남도록 13단에 걸쳐 측면 코들을 모두 줄인다. 이때, 가운데에 남은 10코는 코를 막지 않고 쉼코로 두었다가 고무뜨기 앞단을 뜰 때 그대로 사용한다.
14. 23단에서 쉼코로 둔 오른쪽 앞여밈단 13코를 바늘로 옮기고, 오른쪽 얼굴둘레 가장자리를 따라 38코를 줍는다. 꼭대기 정수리판 쉼코 10코, 왼쪽 얼굴둘레 38코, 왼쪽 앞여밈단 쉼코 13코를 합해 총 112코를 주워 12단을 2X2 고무뜨기로 뜬 후, 바깥 면에서 안뜨기로 뜨면서 코를 막는다.

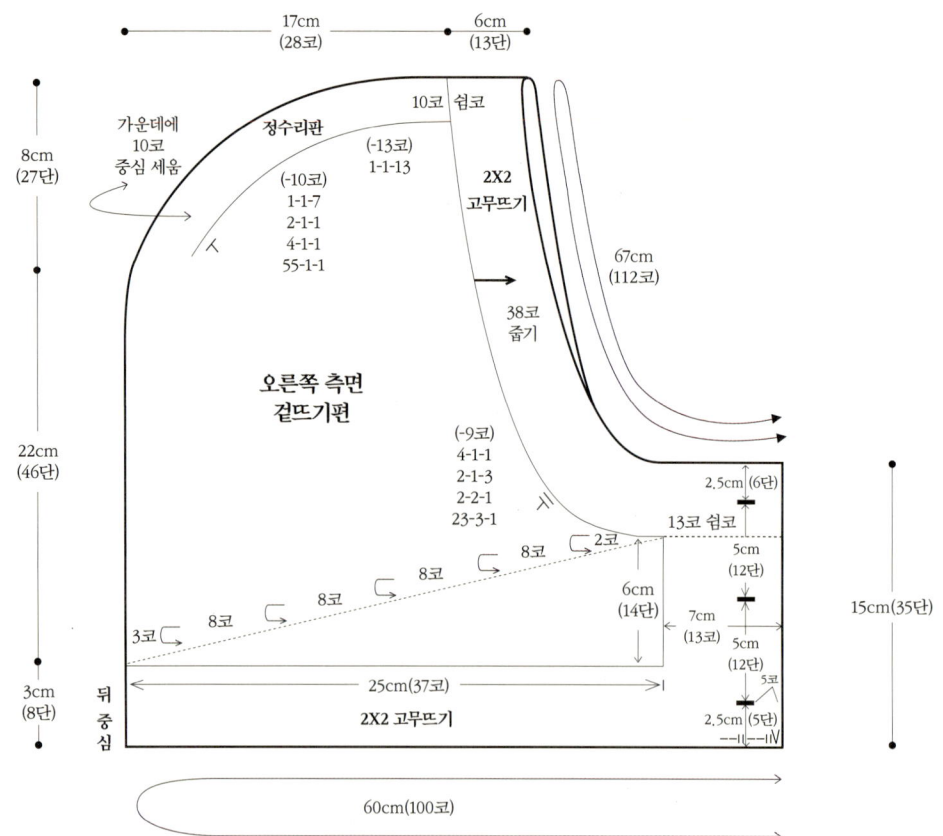

### 1코 단춧구멍 만들기

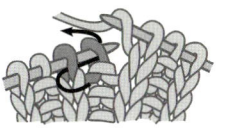   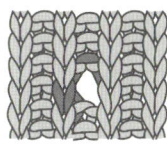

1. 바깥 면에서 안뜨기 순서가 되었을 때 오른쪽 바늘에 실을 걸어 구멍을 만들고, 다음 2코에 오른쪽 바늘을 화살표처럼 넣는다.

2. 왼쪽 바늘의 2코를 한꺼번에 겉뜨기한다.

3. 다음 단(안쪽 면)에서 이전 단에서 바늘에 걸친 걸기코를 겉뜨기한다.

4. 완성된 1코 단춧구멍 바깥 면의 모양.

### 목선의 곡선 예쁘게 줄이기

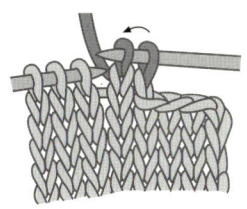 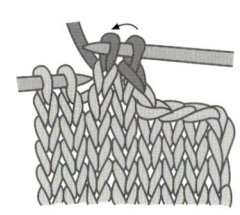

1. 바깥 면에서 3코를 겉뜨기로 코를 막은 다음 나머지 코는 겉뜨기한다. 안쪽 면에서는 그대로 안뜨기를 하며 되돌아온다. 다시 바깥 면에서 코를 줄일 때에, 첫 코를 걸러뜨기하고 다음 코를 겉뜨기한다.

2. 걸러 뜬 코로 덮어씌운다. 다음 코줄임 단에서도 같은 방식으로 코를 줄이면 곡선을 조금 더 부드럽게 만들 수 있다.

# 회오리 머플러 Twister Muffler

2가지 색상의 실을 안뜨기편과 겉뜨기편으로 무늬뜨기를 하면서 되돌아뜨기 기법을 이용해
머플러가 나선형으로 빙빙 돌아가게 만든 재미있는 디자인이다.
푸른색 계열은 양쪽 너비가 균일한 회오리 머플러의 기본형이다. 검정색과 팥죽색 머플러는
기본형보다 너비를 넓게 만든 변형 디자인이고, 상아색과 고동색 머플러는 상아색 부분은 넓게,
고동색 부분은 좁게 폭을 다르게 변형한 디자인으로, 넓이가 다른 만큼 만들기가 조금 더 복잡하고 어렵다.

주요 기법 : 되돌아뜨기
바늘 : 5.5mm
게이지 : 16코 23단

**Type 1 (양쪽 폭이 균일하며 좁은 스타일)**
난이도 : ●●○○○
실 소요량 : 알파카 혼방실 파란색 50g(1타래), 하늘색 50g(1타래)
완성 치수 : 폭 14cm, 길이 180cm

**TIP**
각 색상별로 11코씩 모두 22코를 만들어 7단에 걸쳐 2코씩 되돌아뜨기를 반복해 회오리 머플러를 완성한다.
세로로 배색할 때는 배색한 면이 잘 이어지도록 서로 다른 색상의 실이 교차하는 지점에서 반드시 꼬아준다.
* 펠트 쇼퍼백(p113 참조)에도 같은 기법을 사용했다.

1. 1단 : 파란색 실로 11코를 만든 다음, 하늘색 실을 이어 하늘색으로 11코 만들어 모두 22코를 만든다.
2. 2단 : 첫 코 걸러뜨기, 다음 10코는 하늘색 실로 겉뜨기한 후, 2가지 색상의 실을 꼬아주고 파란색 실로
   남은 11코를 안뜨기한다.
3. 3~9단 : 파란색 실로 7단에 걸쳐 2코씩 되돌아뜨기를 반복하며 회오리무늬뜨기를 한 다음,
   2가지 색상의 실을 꼬아주고 하늘색 실로 바꿔 남은 11코를 안뜨기한다.
4. 3단 : 첫 코 걸러뜨기, 겉뜨기 8코를 한 후 뜨던 방향으로 뜨개 바탕을 되돌린다.
5. 4단 : 걸기코를 만들고 첫 코를 걸러 뜬 후, 끝까지 안뜨기한다.
6. 5단 : 첫 코 걸러뜨기, 겉뜨기 6코를 한 후 뜨던 방향으로 뜨개 바탕을 되돌린다.
7. 6단 : 걸기코를 만들고 첫 코를 걸러 뜬 후, 끝까지 안뜨기한다.
8. 7단 : 첫 코 걸러뜨기, 겉뜨기 4코를 한 후 뜨던 방향으로 뜨개 바탕을 되돌린다.
9. 8단 : 걸기코를 하고 첫 코를 걸러 뜬 후, 끝까지 안뜨기한다.
10. 9단 : 첫 코 걸러뜨기, 겉뜨기 4코를 한 후에 [걸기코와 다음코 함께 겉뜨기, 겉뜨기 1코]를 3번 반복한 다음,
    2가지 색상의 실을 꼬아주고 하늘색 실로 바꾸어 반대편 11코를 안뜨기한다.
11. 10~16단 : 하늘색 실로 3~9단과 동일하게 2코씩 되돌아뜨기를 7단에 걸쳐 반복해서 뜬 후,
    2가지 색상의 실을 꼬아주고 파란색 실로 다시 바꿔 반대편 11코를 안뜨기 한다.
12. 휘감기지 않는 가운데 직선이 180cm 정도 되면(또는 원하는 길이가 될 때 까지) 회오리뜨기를
    7단 양쪽으로 번갈아 뜬 다음 코를 막는다.

### Type 2 (양쪽 폭이 균일하며 넓은 스타일)
난이도 : ●●○○○
실 소요량 : 알파카 혼방실 검은색 100g(2타래), 팥죽색 100g(2타래)
완성치수 : 폭 26cm, 길이 190cm

**TIP**
각 색상별로 21코씩 모두 42코를 만들어 11단에 걸쳐 3코씩 되돌아뜨기를 반복해 회오리 머플러를 만든다. 세로로 배색할 때는 배색한 면이 잘 이어지도록 서로 다른 색상의 실이 교차하는 지점에서 반드시 꼬아준다(p113 참조).

### Type 3 (양쪽 폭이 다른 스타일)
난이도 : ●●●○○
실 소요량 : 알파카 혼방실 상아색 100g(2타래), 고동색 50g(1타래)
완성 치수 : 폭 20cm, 길이 170cm

**TIP**
21코로 만드는 상아색 부분을 11단에 걸쳐 반복하는 되돌아뜨기를 1번 하고 난 다음, 3단을 그대로 뜨는 동안 11코로 만드는 고동색 부분은 7단에 걸쳐 반복하는 되돌아뜨기를 2번 반복해 양쪽의 단수 균형을 잡아준다. 세로로 배색할 때는 배색한 면이 잘 이어지도록 서로 다른 색상의 실이 교차하는 지점에서 반드시 꼬아준다(p113 참조).

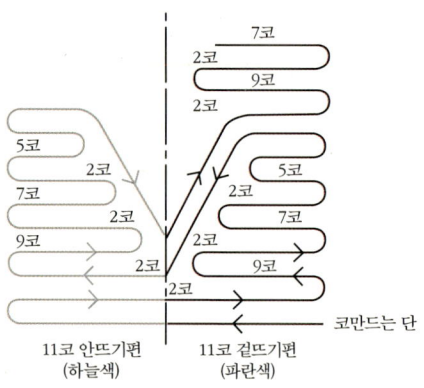

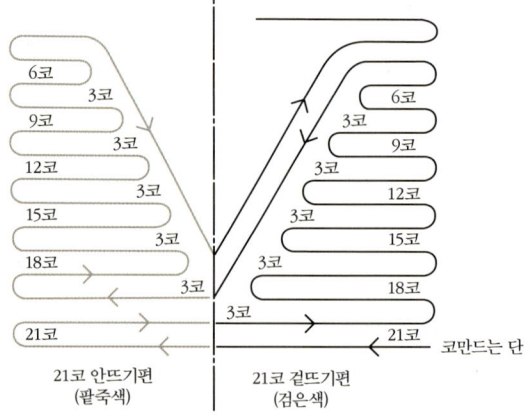

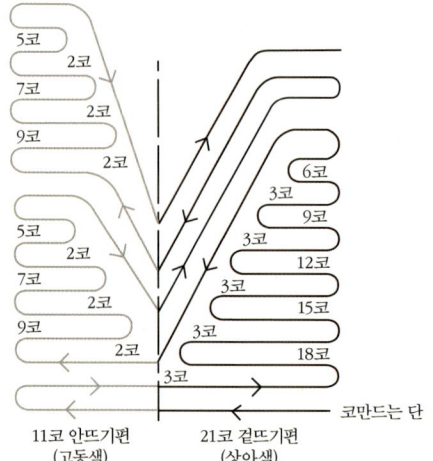

## 왼쪽처짐 되돌아뜨기

왼쪽처짐 되돌아뜨기는 오른쪽처짐 되돌아뜨기보다 1단 높은 단에서 시작한다.
아래의 단수는 오른쪽처짐 되돌아뜨기의 단과 동일한 단을 뜻한다.
즉, 어깨처짐을 할 때 오른쪽처짐의 1단과 왼쪽처짐의 1단은 동일한 단이다.
왼쪽처짐의 1, 2단은 오른쪽과 균형을 맞추기 위해 겉뜨기편으로 작업하는 단이기 때문에
실제 되돌아뜨기는 3단부터 하게 된다.

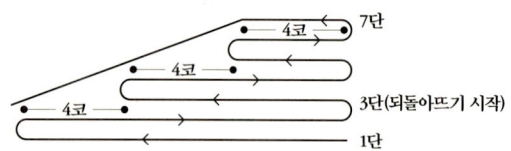

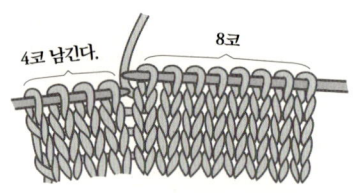

1. 3단(바깥 면) : 3단에서 마지막 4코가 남을 때까지 겉뜨기를 한 다음, 뜨개 판을 안쪽 면으로 뒤집는다.

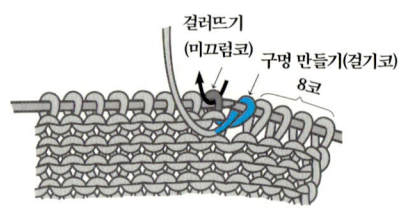

2. 4단(안쪽 면) : 실을 한 번 감아 걸기코를 만든 후, 다음 코를 뜨지 않고 오른쪽 바늘로 옮긴다(미끄럼코).

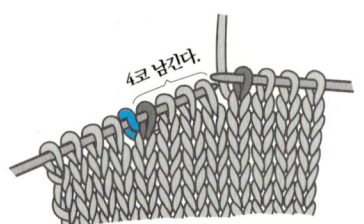

3. 5단(바깥 면) : 다시 4코를 남겨두고 안쪽 면으로 뜨개 판을 뒤집는다.

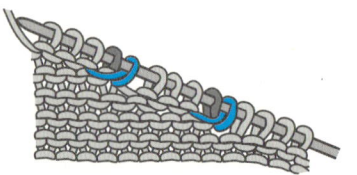

4. 6단(안쪽 면) : 다시 걸기코와 미끄럼코를 만들고, 남은 3코를 안뜨기한다.

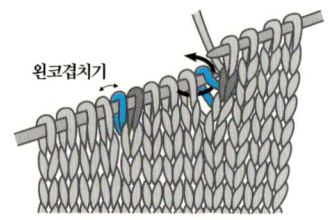

5. 7단(바깥 면) : 미끄럼코까지 뜨고, 걸기코와 그 다음 코를 한꺼번에 겉뜨기 한다.

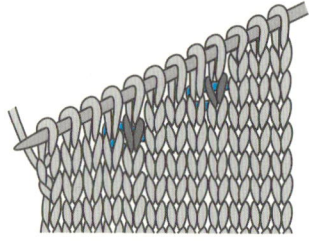

6. 왼쪽처짐 되돌아뜨기가 완성된 모양.

## 오른쪽처짐 되돌아뜨기

어깨처짐이나 칼라의 둥근 곡선, 경사진 사선, 러플이나 다트 등을 만들 때 사용하는 방법으로 스웨터에서는 어깨처짐을 할 때 늘 사용하는 기법이다.

* 만드는 법
홈페이지
동영상 참조.

* 회오리 머플러를 비롯해 후디 넥 워머(50p)와 후드 머플러(46p)에도 사용한 기법이다.

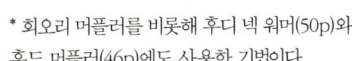

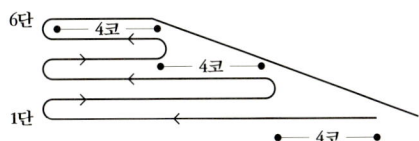

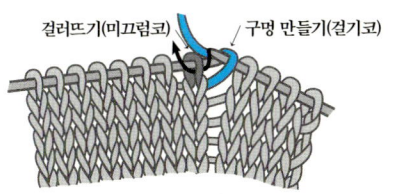

1. 1단(바깥 면) : 겉뜨기 12코를 한다.
   2단(안쪽 면) : 마지막 4코가 남을 때까지 안뜨기한 후 뜨개 바탕을 바깥 면으로 뒤집는다.

2. 3단(바깥 면) : 실을 한 번 감아 걸기코를 만들고, 다음 코는 뜨지 않고 오른쪽 바늘로 옮긴 후에(미끄럼코) 나머지 코를 겉뜨기한다.

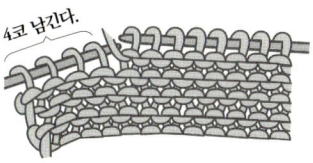

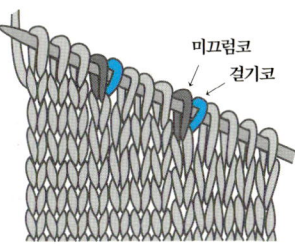

3. 4단(안쪽 면) : 다시 4코를 남기고 뜨개 바탕을 바깥 면으로 뒤집는다.

4. 5단(바깥 면) : 실을 한 번 감아 걸기코를 만든 후, 다음 코는 걸러 뜨고 (미끄럼코) 나머지 3코를 겉뜨기한다.

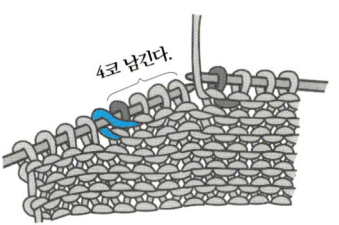

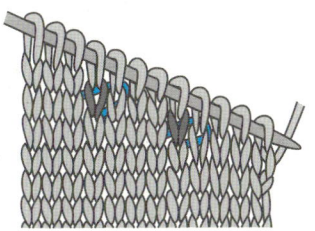

5. 6단(안쪽 면) : 미끄럼코는 그대로 안뜨기하고 걸기코를 앞쪽으로 빼서 그 다음 코와 순서를 바꿔 2코 한꺼번에 안뜨기한다.

6. 오른쪽처짐 되돌아뜨기가 완성된 모양.

# 변형고무뜨기 머플러 Brioche Rib Muffler

누구나 무난하게 소화할 수 있는 세련된 스타일의 변형고무뜨기 기본형 머플러이다.
전혀 다른 성질의 실을 한 가닥씩 합사해 2겹으로 떠서 색다른 느낌을 만들어낸다.
모자와 함께 세트로 구성했다.

난이도 : ●●○○○
주요 기법 : 변형고무뜨기(p29 참조)
실 소요량 : 모혼방실 감청색 200g(4타래), 양모 트위드실 회색 1750g(7타래) *각 한 가닥씩 2겹으로 뜬다.
바늘 : 6.5mm
게이지 : 11코 14단
완성 치수 : 너비 22cm, 길이 210cm

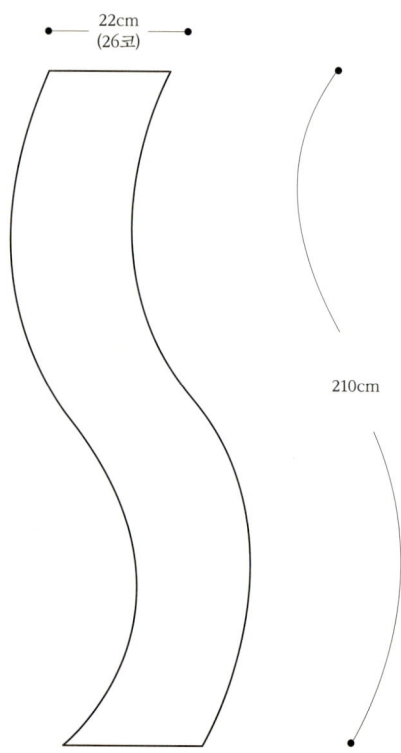

# 변형고무뜨기 모자 Brioche Rib Hat

변형고무뜨기 기본형 머플러와 세트로 디자인한 헐렁한 스타일의 모자로
이음새가 없도록 변형고무뜨기를 둥글게 뜬다.

난이도 : ●●●●○
주요 기법 : 변형고무둥글게뜨기(p83 참조), 한번에 2코 줄이기
실 소요량 : 모 혼방실 감청색 50g(1타래), 양모 트위드실 회색 50g(2타래) * 각 한 가닥씩 2겹으로 뜬다.
바늘 : 6 & 6.5mm
게이지 : 11코 14단
완성 치수 : 머리 둘레 50cm, 높이 23cm

**TIP**
1. 변형고무뜨기를 하며 콧수를 셀 때는 바늘에 실이 걸쳐지며 만들어진 걸기코는 별개의 코로 여기지 않으며, 코를 만들 때는 반드시 짝수로 만든다.
2. 둥글게뜨기로 변형고무뜨기를 하며 그림 도안을 읽거나 단수를 셀 때, 실제로는 겉뜨기단과 안뜨기단을 1번씩 2단을 뜬 것이 1단이라는 것을 기억하자.

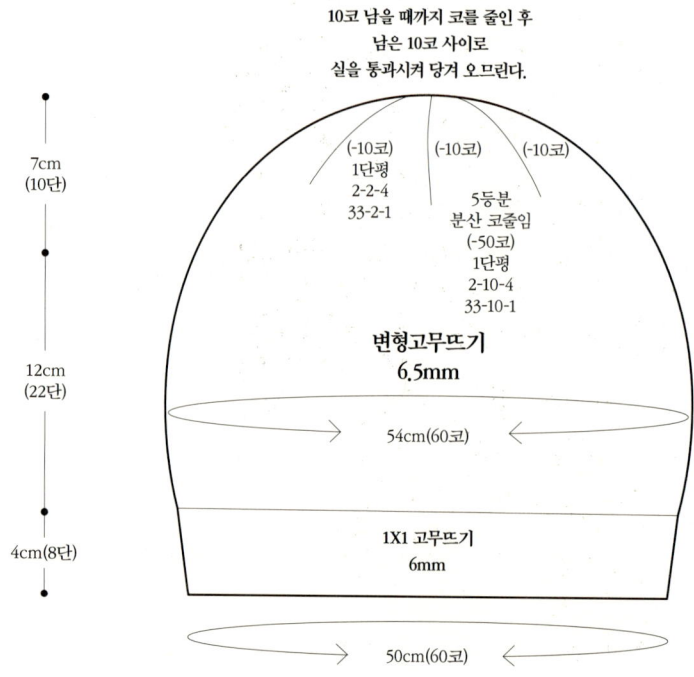

# 강아지 스웨터 Colorful Doggy Sweater

고급스러운 광택과 부드러운 촉감, 화려한 색감이 돋보이는 실크혼방실을 사용해 멍석뜨기로 만든 기본형 디자인의 강아지 스웨터이다.

난이도 : ●●○○○
주요 기법 : 멍석뜨기, 옆선 잇기, 코 줄이기
실 소요량 : 실크혼방실 보라 검정 초록 복합색 100g(2타래)
바늘 : 4.5mm
게이지 : 17코 30단
완성 치수 : 가슴둘레 52cm, 길이 36cm

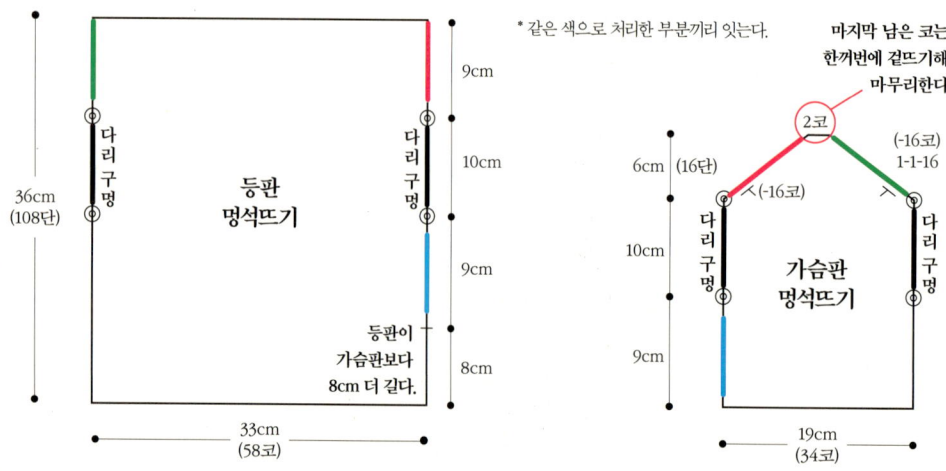

# 강아지 후디 Doggy Hoodie

4가지 색 실로 자유롭게 배색하며 만들 수 있는 후드가 달린 강아지 옷이다.

난이도 : ●●●○○
주요 기법 : 모양 세워 코 줄이기, 옆선 잇기
실 소요량 : 마혼방실 녹황색, 보라색, 노란색, 청록색 각 50g(1타래)씩
바늘 : 4mm
게이지 : 18코 27단
완성 치수 : 가슴둘레 53cm, 길이 35cm

**TIP**
4가지 색상을 마음대로 배색하되, 가슴판과 등판의 배색선이 같은 색으로 연결되게 하면
조금 더 깔끔한 스웨터를 만들 수 있다. 가장자리 코는 걸러뜨기를 하고 3번째 코만 이랑뜨기로 떠서
후드 가장자리가 덜 말리게 한다.

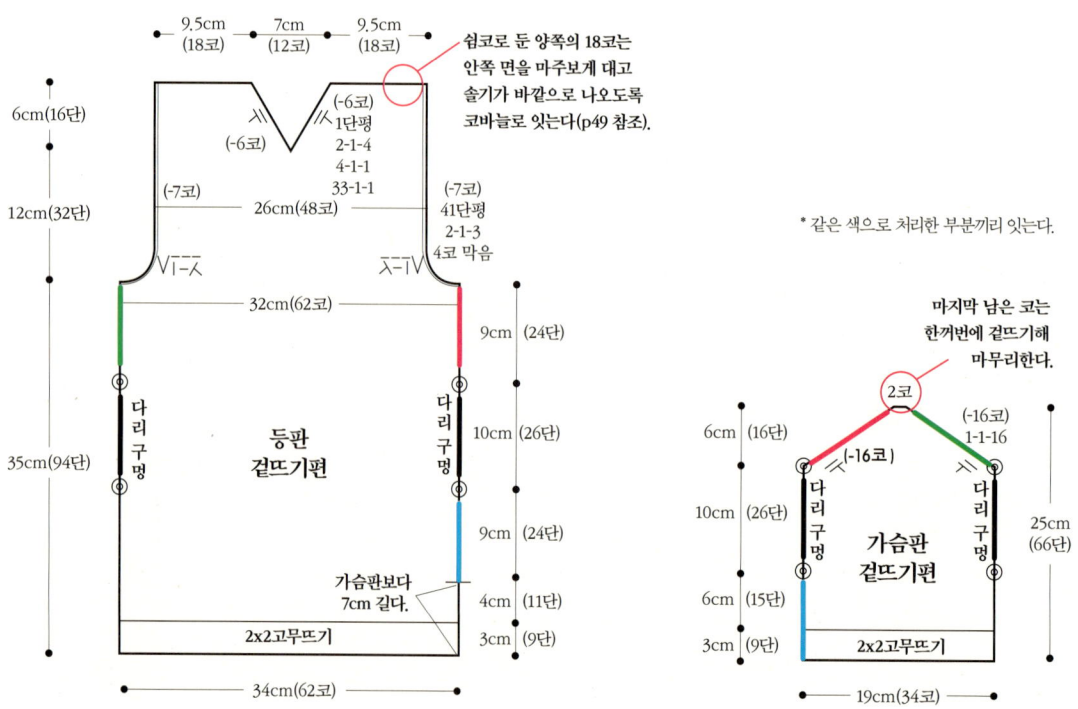

# 무지개 머플러 Rainbow Muffler

차분한 딥 톤의 복합색상실과 화사한 비비드 톤의 복합색상실을 섞어 무지개처럼 환상적인 색감을 연출한 것이 디자인 포인트이다. 겉뜨기단과 안뜨기단을 1단씩 번갈아 뜨는 겉뜨기편으로 만든 손뜨개 입문자를 위한 쉬운 기본형 머플러이다.

난이도 : ●○○○○
주요 기법 : 배색실 잇기(p136 참조)
실 소요량 : 캐시미어 혼방실 흰색 50g(4타래),
　　　　　면 혼방 트위드실 비비드톤,
　　　　　딥톤 복합색 각 100g(1타래)
바늘 : 6mm
게이지 : 16코 21단
완성 치수 : 너비 30 cm, 길이 240cm

**TIP**
머플러 가장자리를 깔끔하게 마무리하려면 첫 코는 반드시 걸러 떠야 한다. 즉, 바깥 면의 첫 코는 실을 뒤에 두고 겉뜨기 하듯 뜨지 않고 바늘만 옮기며 걸러 뜨고, 안쪽 면의 첫 코는 실을 앞에 두고 안뜨기 하듯 뜨지 않고 바늘만 옮기며 걸쳐 뜬다.

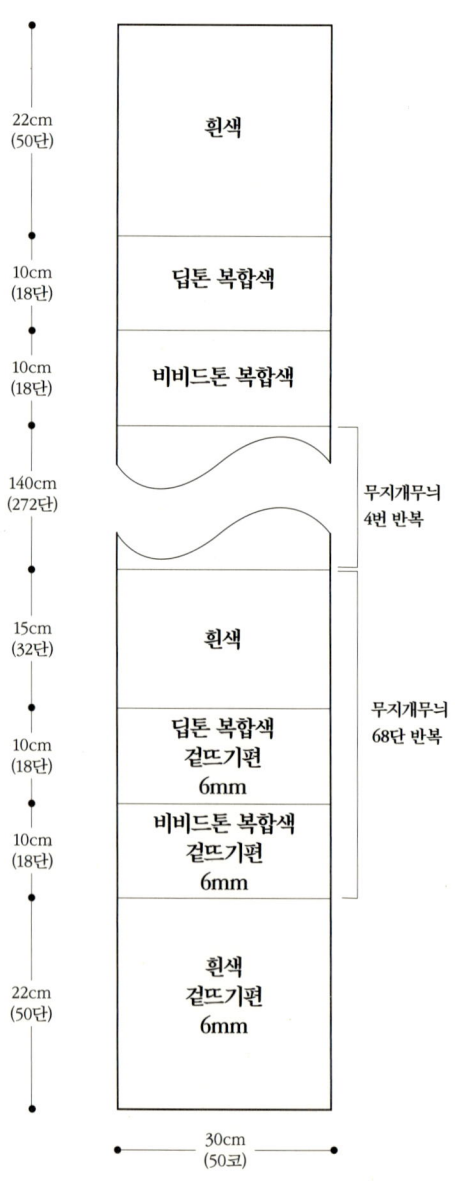

# 청키 머플러 Chunky Muffler

두툼한 양모실과 굵은 바늘로 무늬뜨기를 해서 만든 머플러로
만드는 이의 취향에 따라 짧게 만들어 막대 단추와 가죽 고리를 달아 멋지게 여미는 스타일로
만들 수도 있고, 일반적인 머플러처럼 길게 떠서 멋스럽게 두를 수도 있다.

난이도 : ●○○○○
주요 기법 : 4코 2단 반복 무늬뜨기, 배색실 잇기(p136 참조)

**TYPE 1**
실 소요량 : 굵은 양모실 노란색 200g(2타래), 하늘색 100g(1타래)
바늘 : 9mm
게이지 : 10코 13단
완성 치수 : 너비 19cm, 길이 166cm
부속 재료 : 삼각형 뿔 단추(4cm), 가죽 단추 고리(8cm)

**TYPE 2**
실 소요량 : 굵은 양모실 군청색 200g(2타래), 청녹색 100g(1타래)
바늘 : 9mm
완성 치수 : 너비 19cm, 길이 220cm

1. 9mm 바늘로 19코를 만든다.
2. 2단(안쪽 면) : 첫 코는 실을 앞에 두고 안뜨기 하듯 걸쳐뜨기를 한 후 [1코 안뜨기, 3코 겉뜨기]를 4번 반복하고 남은 2코를 안뜨기로 뜬다.
3. 3단(바깥 면) : 첫 코는 실을 뒤에 두고 겉뜨기 하듯 걸러뜨기를 한 후, 2코 겉뜨기를 하고 [1코 안뜨기, 3코 겉뜨기]를 4번 반복한다.
4. 매단마다 첫 코는 걸러 뜨면서 2~3단 과정을 반복해 4코 2단 반복 무늬뜨기를 원하는 길이만큼 떠준다.
   그 다음 바깥 면에서 모두 안뜨기로 뜨면서 코를 막는다.

* Type 1으로 만들 경우 머플러를 완성하고 그림의 위치를 참고해 뿔 단추 고리와 삼각형 뿔단추를 단다.

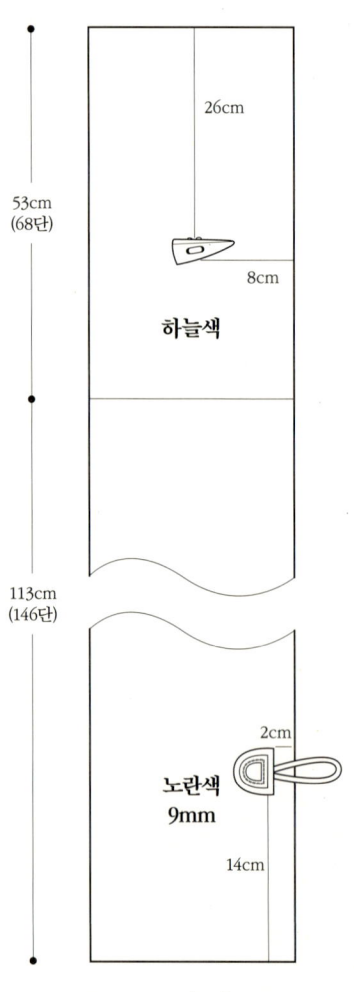

53cm (68단)

26cm

8cm

하늘색

113cm (146단)

노란색 9mm

2cm

14cm

19cm(19코)

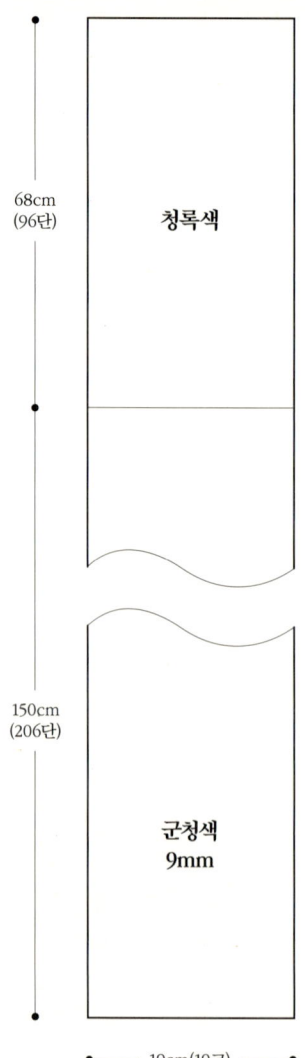

68cm (96단)

청록색

150cm (206단)

군청색 9mm

19cm(19코)

# 버클 여밈 미니 케이프 Buckled Mini Cape

버클 장식으로 시크한 매력을 더한 어깨 보온용 미니 케이프 디자인이다.
가는 실로 만든 얇고 가벼운 느낌의 케이프와 굵은 실로 만든 풍성하고 따뜻한 느낌의
케이프 2종류는 게이지의 차이에 따라 작품의 느낌이 얼마나 달라질 수 있는지를 잘 보여준다.

**TYPE 1 코튼 트위드사 미니 케이프**
난이도 : ●●●○○
주요 기법 : 멍석뜨기, 어깨 코 줄이기, 버클 끈 코줍기
실 소요량 : 면 혼방 트위드실, 초록 남색 계열 복합색, 300g(3타래)
바늘 : 3.5 & 4 & 4.5mm
게이지 : 18코 28단
완성 치수 : 너비 102cm, 길이 32cm
부속 재료 : 버클 4.5cm 2개, 똑딱단추 2cm 2쌍, 1.5cm 1쌍
* 구체적인 만드는 방법은 상세 도안 읽기(p126) 참조.

**TIP**
모든 작품을 만들 때, 뜨고 난 다음에 덧장식을 하거나 돗바늘로 잇는 가장자리 코는 반드시 모든 코를 떠주고,
머플러처럼 가장자리가 그대로 완성선이 되는 경우에는 첫 코는 뜨지 않고 걸러 떠주는 것이 훨씬 더 깔끔하다.
어깨 둘레를 감싸는 멍석뜨기단을 만들 때, 중간에 가는 바늘로 바꾸어 뜨면 어깨 부분의 착용감이 좋아진다.

**TYPE 2 청키 케이프**
실 소요량 : 알파카 혼방실 녹회색 350g(7타래)
바늘 : 6 & 6.5 & 7mm
게이지 : 12코 18단
완성 치수 : 너비 116cm, 길이 31cm
부속 재료 : 버클 4.5cm 2개, 똑딱단추 2cm 3개

## TYPE 1 코튼 트위드사 미니 케이프

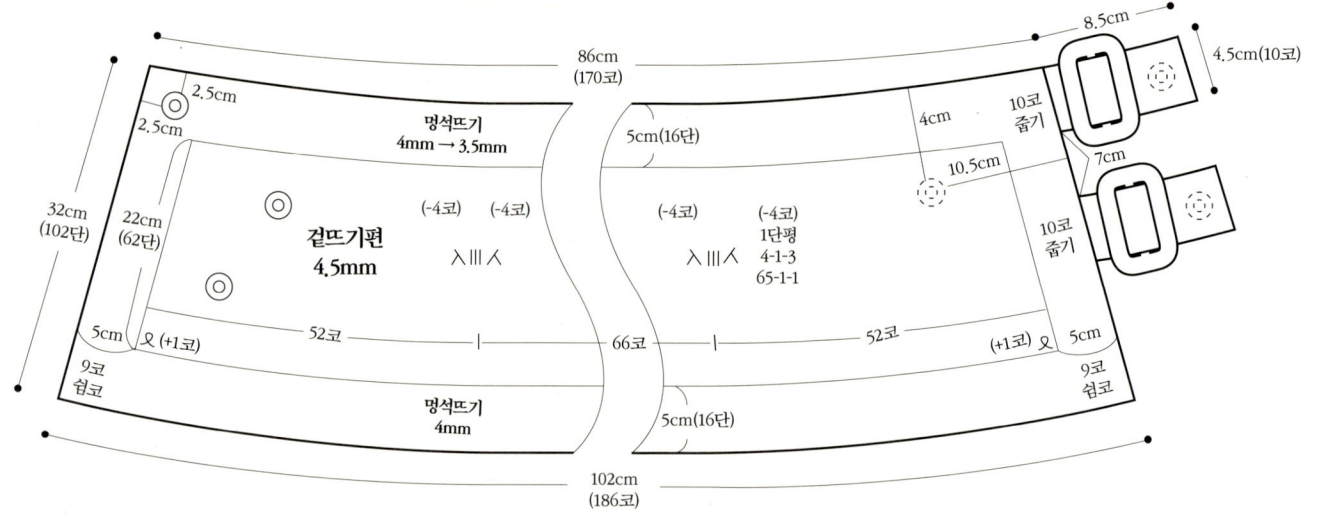

## TYPE 2 청키 케이프

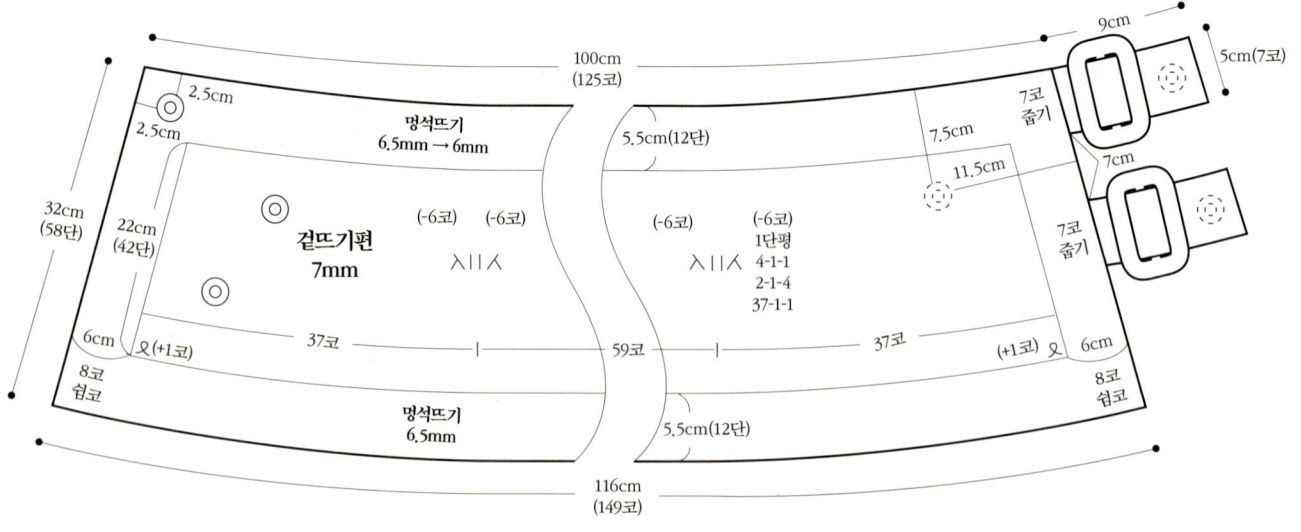

# 색동 이랑뜨기 머플러 Multicolor Muffler

자칫 밋밋하고 평범할 수 있는 디자인을 세련된 배색으로 보완한 기본형 머플러로 앞뒤면 모두 겉뜨기로만 뜨는 이랑뜨기 무늬로 손뜨개 입문자들의 첫 작품으로 적합한 심플한 디자인이다.

난이도 : ●○○○○
주요 기법 : 이랑뜨기

**Type 1**
실 소요량 : 부클레실 [살구색 그라데이션 200g(4타래), 흰색 50g(1타래)]
바늘 : 7mm
게이지 : 10코 20단
완성 치수 : 너비 23cm, 길이 196cm

**Type 2**
실 소요량 : 부클레실 [갈색, 파란색, 녹색, 연갈색, 빨간색 각 50g(1타래)]
바늘 : 7mm
게이지 : 10코 20단
완성 치수 : 너비 23cm, 길이 200cm

**TIP**
모든 단의 첫 코는 뜨지 않고
겉뜨기하듯 바늘만 옮겨
걸러뜨기를 하면 머플러
가장자리가 늘어지지 않아
더욱 멋진 작품을 만들 수 있다.

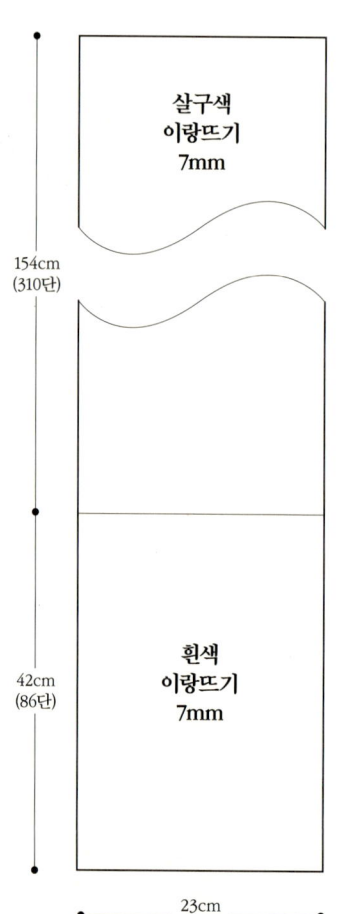

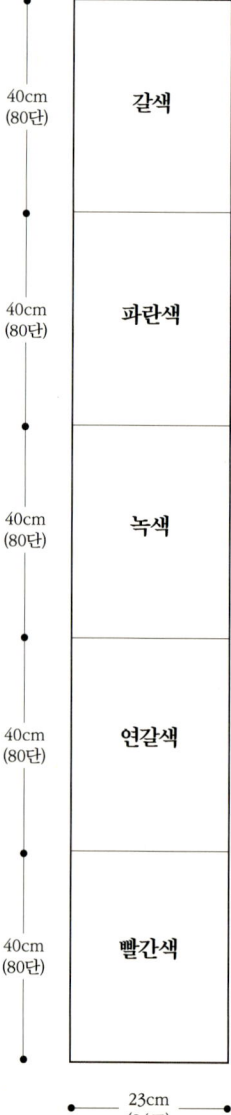

# 변형고무뜨기 넥 워머 Brioche Rib Neck Warmer

이음새가 없도록 둥글게뜨기로 변형고무뜨기를 해 완성도를 높인 넥워머로
알파카실의 부드러움과 고급스러움이 잘 어울리는 디자인이다.

난이도 : ●●●●●
주요 기법 : 변형고무뜨기를 둥글게뜨기로 하기, 변형고무뜨기 코 줄이기.
실 소요량 : 알파카실 빨간색(꽃보라색) 250g(5타래)
바늘 : 4.5 & 5mm
게이지 : 15코 22단
완성치수 : 어깨 둘레 84cm, 길이 50cm

1. 5mm 바늘로 140코를 만들어, 길이가 12cm 될 때까지 평면뜨기 방식으로 23단 변형고무뜨기를 한다 (p29 참조).
2. 평면뜨기에서 둥글게뜨기로 바꾸어 총 길이 20cm가 될 때까지 20단을 더 뜬다. 이 때, 반드시 둥글게뜨기 연결 지점에 위치를 표시해둔다.
3. 45단부터 다음과 같이 모양을 세우며 코를 줄이기 시작한다. 이 때, 양쪽 어깨 위치에서 8코(반복 무늬 4개)를 가운데에 두고, 왼코위2코줄이기와 오른코위2코줄이기를 대칭이 되도록 배치해 1단에서 모두 8코를 줄인다.
4. 6-2-1, 4-2-3, 2-2-2 순서로 한 곳에서 14코씩 4군데에서 분산 코줄임을 하며 총 54코를 줄인다.
5. 남은 84코로 콧수 변화 없이 20cm 정도 원하는 높이만큼 터틀넥 부분을 만든 다음, 첫 코를 안뜨기한 후 그 다음 걸기코와 겉뜨기코를 한꺼번에 안뜨기하며 이전 코를 엎어 씌우는 방식으로 코를 막으며 마무리한다.

**TIP**

1. 코를 만든 단이 잡아당겨지지 않고 편안해 보이도록, 변형고무뜨기에 사용한 바늘보다 약간 더 굵은 바늘로 코를 만든다.

2. 변형고무뜨기를 하며 콧수를 셀 때는 바늘에 실이 걸쳐지며 만들어진 걸기코는 별개의 코로 여기지 않으며, 코를 만들 때는 반드시 짝수로 만든다.

3. 둥글게뜨기로 변형고무뜨기를 하며 그림 도안을 읽거나 단수를 셀 때, 실제로 겉뜨기단과 안뜨기단을 각 1번씩 2단을 떠야 1단이 된다는 것을 기억하자.

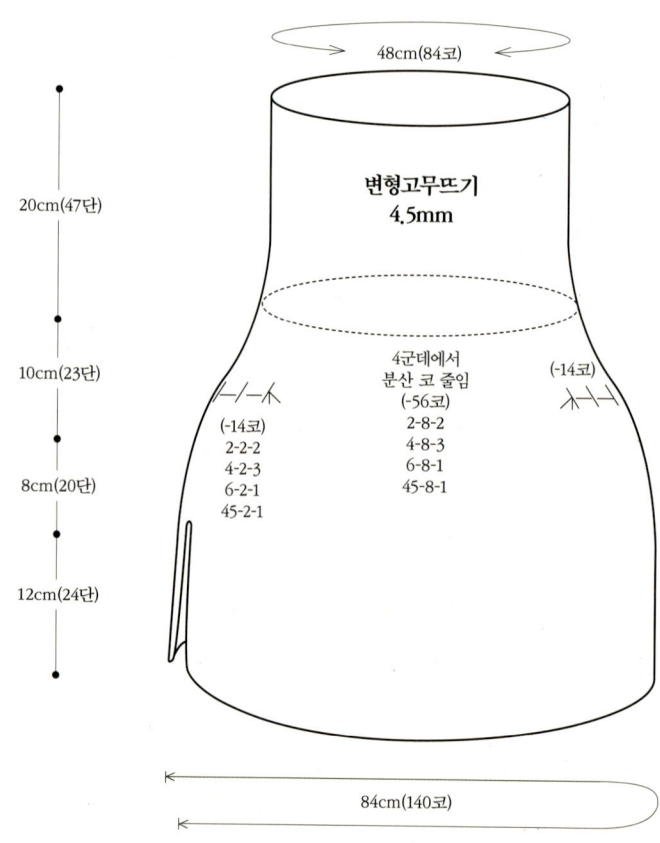

### 변형 고무뜨기를 둥글게 뜨는 방법(2코 2단 반복 무늬)

1단 : [실을 앞에 둔 채로 아랫단 걸기코와 겉뜨기코 함께 겉뜨기, 다음 코는 실을 앞에 둔 채로 안뜨기하듯 바늘만 옮겨주며 걸쳐뜨기] 과정을 반복한다.

2단 : [겉뜨기코는 실을 앞에 둔 채로 걸쳐뜨기, 실을 앞에서 뒤쪽으로 오른쪽 바늘을 시계 반대 방향으로 감싸주고 다시 앞으로 가져와 걸기코를 만든 다음, 아랫단 걸기코와 다음 안뜨기 1코를 함께 안뜨기] 과정을 반복한다.

\* 둥글게뜨기로 1~2단을 반복하면 변형고무뜨기편을 이음새 없이 둥글게 만들 수 있다.

### 둥글게뜨기 연결 부분 작업

1. 둥글게뜨기를 시작하는 지점에 위치 표시를 한다. 둥글게 이어지는 마지막 지점에 걸기코가 없는 코 2개 나란히 놓이게 된다.
2. 변형고무겉뜨기로 뜬 1단의 마지막 코를 뜨지 않고 걸쳐 뜬 후, 실을 오른쪽 바늘에 걸쳐 걸기코를 만들면서 앞으로 가져온다.
3. 변형고무안뜨기로 작업할 2라운드의 첫 번째 코는 실을 앞에 두고 걸쳐 뜬 다음, 2번째 코를 겉뜨기해 자연스럽게 걸기코를 1개 만든다. 이전 단과 반대로 둥글게뜨기 연결 부분에 걸기코를 가진 코 2개가 나란히 놓이게 된다.
4. 변형고무안뜨기로 1단을 뜬다.
5. 걸기코를 가진 안뜨기와 걸기코를 가진 겉뜨기가 나란히 인접한 안뜨기 단의 마지막 지점에서는, 실을 바늘 위로 돌려 걸기코를 만들고 아랫단 걸기코와 마지막 코를 함께 안뜨기한 다음, 다음 겉뜨기코 역시 걸기코와 함께 한꺼번에 겉뜨기하면, 다시 1번 상태와 동일하게 걸기코가 없는 코 2개가 나란히 놓이게 된다.

### 좌우 2코 줄이기

**\* 왼코 위2코 줄이기**

: 왼쪽 코가 위로 겹쳐지면서 코줄임 모양이 오른쪽 방향으로 기울기 때문에, 주로 왼편에 사용하는 기법이다.

1. 기둥을 세워 줄이려는 겉뜨기코에 위치를 표시한다. 위치를 표시한 겉뜨기 기둥 2코 전까지 뜬 다음, 실을 앞쪽으로 가져온다.
2. 실을 앞에 둔 채로 위치 표시를 한 겉뜨기 기둥 앞에 있는 2코 안뜨기코와 걸기코를 가진 겉뜨기코를 한꺼번에 겉뜨기한다. 이 때 걸기코까지 포함하면 총 3개의 고리를 한꺼번에 겉뜨기한 셈이다.
3. 방금 전에 한꺼번에 겉뜨기한 코를 다시 왼쪽 바늘로 옮긴다.
4. 위치를 표시한 기둥 겉뜨기코(걸기코를 포함한 2개의 고리)를 왼쪽 바늘로 옮긴 겉뜨기코 위로 덮어씌운다.
5. 덮어씌우기 작업을 마친 코를 오른쪽 바늘로 옮긴다.

**\* 오른코 위2코 줄이기**

: 오른쪽 코가 위로 겹쳐지면서 코줄임 모양이 왼쪽 방향으로 기울기 때문에, 주로 오른편에 사용하는 기법이다.

1. 기둥을 세워 줄이려는 겉뜨기코에 위치를 표시한다. 위치를 표시한 겉뜨기 기둥 1코 전인 안뜨기코까지 걸러뜨기를 한 다음, 실을 앞쪽으로 가져온다.
2. 실을 앞에 둔 채로 다음에 위치한 2코, 즉 위치 표시를 한 겉뜨기코(걸기코 포함)와 다음 안뜨기코를 마치 겉뜨기하듯 순서대로 한번에 한 코씩 오른편 바늘로 옮기며 걸쳐뜨기한다.
3. 실을 앞에 둔 채로 다음 코인 겉뜨기코를 걸기코와 함께 겉뜨기한다.
4. 방금 전에 마치 겉뜨기하듯 한꺼번에 오른편 바늘로 옮겨둔 2코(걸기코까지 세면 3개의 고리)를 겉뜨기한 코 위로 덮어씌운다.

# 쇼퍼백 Shopper Bag

고급스러운 가죽 손잡이, 세련된 색 배합과 퀼팅 기법으로 안감을 덧대어 만든 스타일리시한 쇼퍼백으로 빨강색과 분홍색의 조화가 사랑스러운 가로형과 민트색과 노란색의 화사한 색 배합이 돋보이는 세로형 스타일은 동일한 디자인이지만 전혀 다른 느낌을 연출한다.

난이도 : ●●●○○
주요 기법 : 가방 바닥 모양 만들기, 옆선 각 세우기

### Type 1 (가로형)
실 소요량 : 면혼방실 450g(9타래) [빨간색 3타래, 분홍색, 꽃보라색 각 1타래, 복합색 4타래] *2겹으로 뜬다.
바늘 : 6.5mm
게이지 : 13코 17단
완성 치수 : 너비 31cm, 높이 30cm, 깊이 14cm
부속 재료 : 안감용 천과 심지용 솜, 가방 바닥용 판, 쇼퍼백용 가죽 손잡이(60cm)와 끈 장식(25cm) 1쌍, 안쪽 똑딱단추 여밈 1쌍

### Type 2 (세로형)
실 소요량 : 면혼방실 450g (9타래) [청록색 3타래, 노란색, 꽃보라색 각 1타래, 복합색 4타래] *2겹으로 뜬다.
바늘 : 6.5mm
게이지 : 13코 17단
완성 치수 : 너비 30cm, 높이 37cm, 깊이 12cm
부속 재료 : 안감용 천과 심지용 솜, 가방 바닥용 판, 쇼퍼백용 가죽 손잡이(60cm)와 끈 장식(25cm) 1쌍, 안쪽 똑딱단추 여밈 1쌍

### 가방 옆선 각 세우기
가방의 디자인에 따라 사방 귀퉁이에 각을 세우는 경우 4군데에서 옆선 각을 세워주고, 양쪽 측면 2군데만 각을 세우는 쇼퍼백 디자인의 경우는 2군데에서 옆선 각을 세워준다. 즉, 측면과 몸판의 경계에 해당되는 코는 1단은 겉뜨기, 1단은 걸러뜨기로 번갈아 떠서 옆선이 늘어지지 않도록 팽팽하게 각을 세워주면 가방 모양이 훨씬 좋아진다.

### 빨강 분홍 배색 가로형 가방의 옆선 각 세우기
1. 13단 : 몸판과 바닥의 경계인 접는 선을 안뜨기로 1단 만든다.
2. 14단 : 겉뜨기 64코, 위치 표시하기, 걸러뜨기 1코(실을 뒤에 둔 채, 코를 뜨지 않고 안뜨기 하듯 바늘 위치만 옮긴다), 겉뜨기 64코, 위치 표시하기, 걸러뜨기 1코로 뜨며 양쪽 옆선의 각을 세우기 시작한다.
3. 15단 : 걸러뜨기 없이 모든 코를 그냥 겉뜨기한다. 원하는 가방 길이가 될 때까지 앞의 14, 15단을 계속 번갈아 뜬다.

* 책에 소개된 모든 가방은 폭과 높이의 치수만 다를 뿐, 밑판 만들기, 원통형으로 사방 귀퉁이 또는 양쪽 측면에 각을 세워 뜨기, 가방 바닥 모양 만들기 등의 방법은 원칙적으로 같다.

### 가방 바닥 모양 만들기
1. 원통 모양으로 둥글게뜨기를 한 가방의 바깥 면을 바라본 상태에서 코를 만든 단을 절반으로 나누어 돗바늘로 반코씩 감침질해 가방 바닥 중심선을 이은 다음, 가방을 안쪽으로 뒤집는다.
2. 13단 안뜨기선을 기준으로 삼아 옆선과의 경계선을 접은 후, 양쪽 귀퉁이를 삼각형으로 접어 밑바닥에 감침질로 고정시켜 가방 바닥의 모양을 만든다.

### 안감 마름질하기
1. 안감용 천은 가방 전체 둘레를 잰 뒤 절반으로 나누어 1cm 작게 몸판 2장을 재단한다.
2. 시접 1cm 가량 여유를 두고 마름질하고, 가방 바닥 판도 따로 준비한다.
3. 몸판 심지용 솜은 안감보다 높이가 1cm 낮도록 재단한다.
4. 심지 솜, 가방 바닥판, 심지 솜, 몸판 안감의 순서대로 가지런히 포갠 상태에서 밑판 사방을 바느질해 바닥판과 몸판을 연결한 다음에, 몸판의 양쪽 옆선을 잇는다.
5. 완성된 안감을 뒤집어 가방과 안감의 안쪽 면끼리 마주대고 안감이 심지 윗부분을 감싸듯 놓고 윗부분을 바느질해서 심지와 안감을 연결한다.

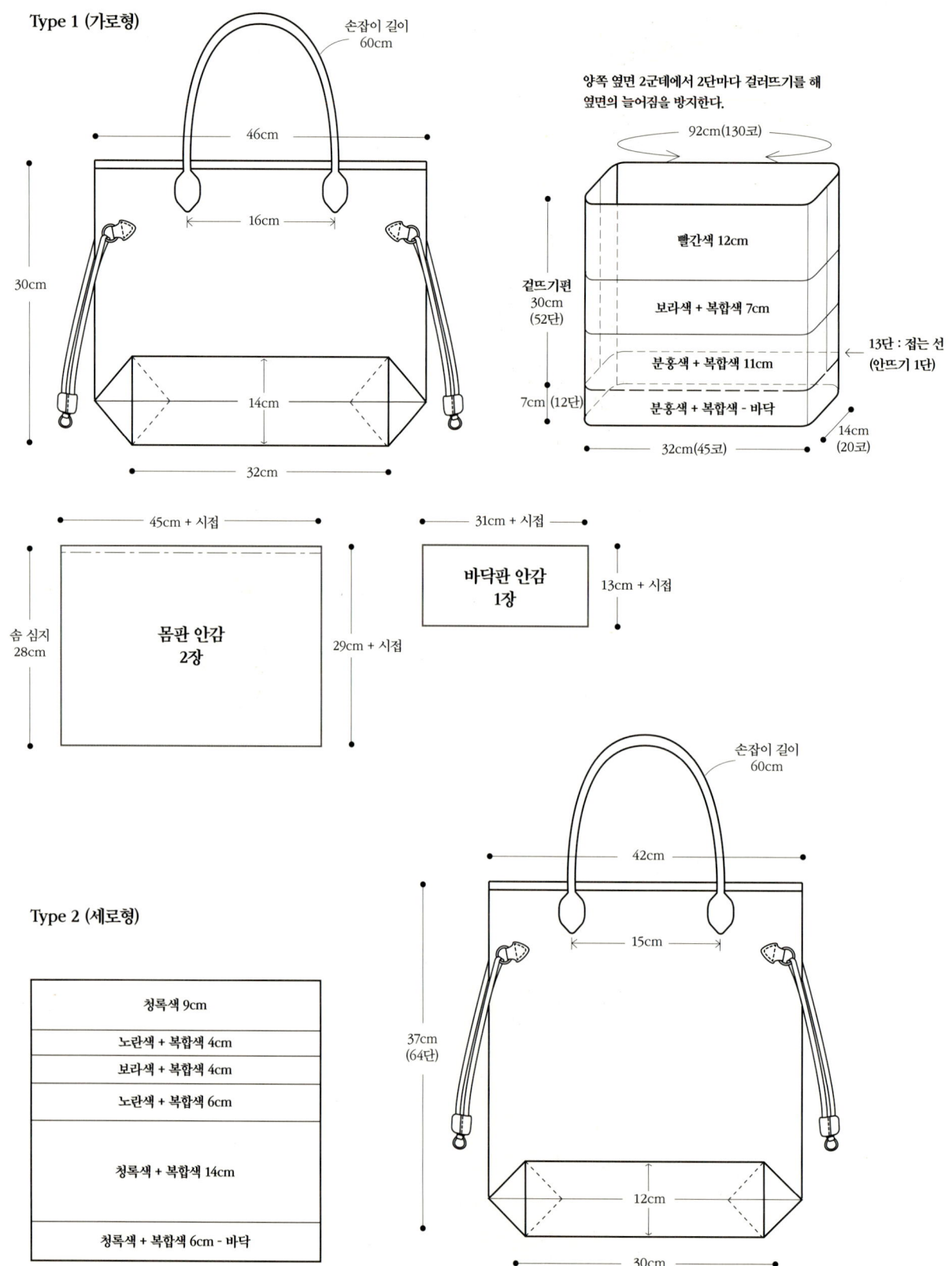

# 패치워크 가방 Patchwork Bag

겉뜨기편으로 뜬 정사각형 3조각을 코바늘 기법으로 이어붙인 다음,
나뭇잎 손잡이 끈를 덧대어 완성한 산뜻한 패치워크 가방이다.
안감 역시 경쾌한 느낌의 프린트 직물을 사용해 발랄하면서도 빈티지한 느낌을 더했다.

난이도 : ●●○○○
주요 기법 : 코바늘을 이용해 빼뜨기 기법으로 옆선 잇기, 나뭇잎 손잡이끈 만들기
실 소요량 : 면혼방실 300g (6타래), 파랑 복합색 2타래, 노란색 2타래, 꽃보라색, 황금색 각 50g(1타래)씩
바늘 : 대바늘 5.5mm, 코바늘 4mm(7/0)
게이지 : 17코 23단
완성 치수 : 너비 50cm, 높이 50cm
부속 재료 : 안감용 천, 단추(2.5cm) 2개

1. 파란색과 노란색 실로 각각 60코를 만들어 80단 동안 겉뜨기편으로 떠서 정사각형 2조각을 만든다.
2. 꽃보라색과 황금색을 10단씩 번갈아 겉뜨기편으로 떠서 굵은 줄무늬를 만든다.
3. 각각의 위치에 놓고 코바늘을 이용해 세 조각을 잇는다.
4. 밑바닥이 되는 파란색 조각의 대각선 부분이 늘어지지 않도록 밑바닥 선을 따라 코바늘 빼뜨기로 작업해
   가방의 틀을 조금 더 튼튼하게 잡아준다.
5. 20cm 길이의 손잡이 끈을 2개 만든다.
6. 돗바늘을 이용해 가방 몸판에 손잡이 끈을 튼튼하게 고정시킨 다음 단추로 장식한다.
7. 안감을 마름질해 손바느질로 가방과 동일한 모양이 되게 만든 후에 가방과 잇는다.

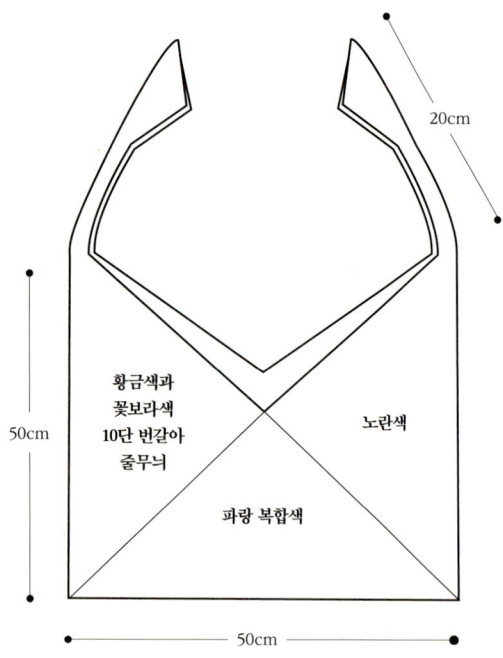
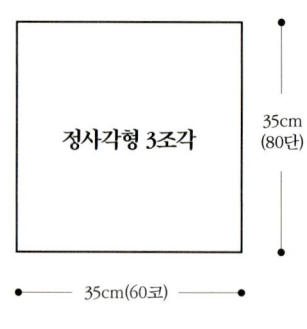

50cm · 50cm · 20cm

황금색과 꽃보라색 10단 번갈아 줄무늬
노란색
파랑 복합색

정사각형 3조각 · 35cm(80단) · 35cm(60코)

090

### 나뭇잎 장식 손잡이 끈 만들기

5코를 만들어 반대편 바늘 끝으로 5코를 모두 밀어서 겉뜨기를 한다. 또 다시 반대편으로 코들을 밀어서 겉뜨기 하는 방식으로 5코를 둥글게 뜨면서 겉뜨기편으로 만든다.
약 15cm 길이가 될 때까지 30단 가량 손잡이 끈을 만든 다음, 아래와 같은 순서로 나뭇잎 모양을 만든다.

1. 1단(바깥 면) : 겉뜨기 1코, [구멍 만들기, 겉뜨기 1코] X 2번 - 5코
2. 2단 & 모든 짝수단(안쪽 면) : 안뜨기
3. 3단 : 겉뜨기 2코, 구멍 만들기, 겉뜨기 1코, 구멍 만들기, 겉뜨기 2코 - 7코
4. 5단 : 겉뜨기 3코, 구멍 만들기, 겉뜨기 1코, 구멍 만들기, 겉뜨기 3코 - 9코
5. 7단 : 겉뜨기 4코, 구멍 만들기, 겉뜨기 1코, 구멍 만들기, 겉뜨기 4코 - 11코
6. 9단 : 겉뜨기 5코, 구멍 만들기, 겉뜨기 1코, 구멍 만들기, 겉뜨기 5코 - 13코
7. 11단 : 오른코겹치기, 겉뜨기 9코, 왼코겹치기 - 11코
8. 13단 : 오른코겹치기, 겉뜨기 7코, 왼코겹치기 - 9코
9. 15단 : 오른코겹치기, 겉뜨기 5코, 왼코겹치기 - 7코
10. 17단 : 오른코겹치기, 겉뜨기 3코, 왼코겹치기 - 5코
11. 19단 : 오른코겹치기, 겉뜨기 1코, 왼코겹치기 - 3코
12. 21단 : 3코를 한꺼번에 줄여 코를 막아 나뭇잎 모양을 완성한다.

### 안감 마름질하기

0.5cm 시접을 포함해 가로, 세로 35cm 크기의 정사각형 3조각으로 안감을 마름질해 가방과 동일한 모양이 되도록 이은 후, 가방 몸판과 안감을 손바느질로 공그르기한다.

### 패치워크 가방 연결하기

2조각의 연결 부위 안쪽 면을 마주대고 1:1의 비율로 코바늘을 화살표 방향대로 2코 모두 찔러 넣어 빼뜨기를 하면서 2조각을 연결한다. 패치워크 가방과 같이 솔기가 밖으로 나오게 이으려면 바깥 면을 마주대고 이으면 된다.

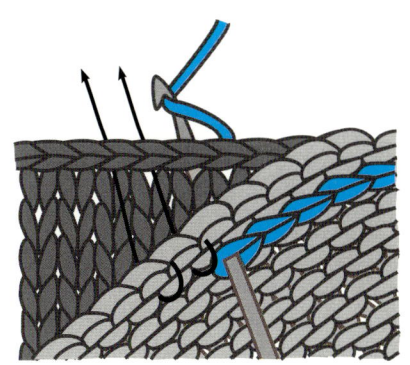

# 배꽃 코사지 Pear Blossom Corsage

작은 꽃잎과 다르게 큰 꽃잎을 코사지 뒷면을 바라보고 만들어 입체감을 살렸다.
커다란 꽃잎 6개 안쪽에서 위로 솟은 작은 꽃잎의 모양새가 마치 활짝 핀 배꽃과 같다.

난이도 : ●●○○○
주요 기법 : 코바늘 기본 기법(p139~141 참조)
실 소요량 : 꽃술용 금속실 또는 고리장식실, 꽃잎용 실크 혼방실 분홍, 주황, 녹색, 옥색 중 2가지 색상 약간
바늘 : 코바늘 3.5mm (6/0)
완성 치수 : 지름 7cm 내외
준비물 : 브로치 판대, 낚시 줄, 가는 바늘, 단주 구슬

* 모두 3가지 색상의 실을 사용하며 짧은뜨기 12코로 시작해 모두 4단을 뜬다. 1~2단은 코사지 앞면을 바라보고, 3~4단은 뒷면을 바라보고 뜬다. A실은 꽃술 부분, B실은 돌출형 작은 꽃잎, C색상은 큰 꽃잎에 사용한다.

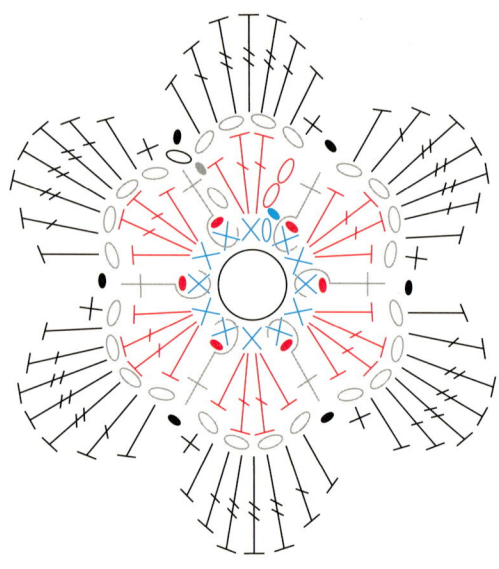

1. 1단(A실, 하늘색) : 손가락을 이용해 실을 동그라미 모양으로 만든다. 그 다음, 사슬뜨기 1코, 짧은뜨기 12코를 뜬 후 첫 번째 짧은뜨기에서 빼뜨기를 할 때 B실로 바꾸면서 1단을 마무리한다.
2. 2단(B실, 분홍색) : [짧은뜨기 1코에서 중간긴뜨기 1코, 한길긴뜨기 2코, 중간긴뜨기 1코로 코를 늘려주고, 다음 짧은뜨기에서 빼뜨기를 반복해, 작은 꽃잎 6개를 만든 후 실을 끊는다.
3. 3단(C실, 연회색) : 코사지 뒷면을 바라보고 C실을 1단의 2번째 짧은뜨기 기둥 근처에 연결한 후, 사슬뜨기 1코, [1단 짧은뜨기 기둥에 앞걸어짧은뜨기 1코, 사슬뜨기 4코] 과정을 반복한 후, 빼뜨기로 마무리해 큰 꽃잎용 사슬고리를 6개 만든다.
4. 4단(C실, 검정색) : 코사지 뒷면을 바라보고 사슬뜨기 1코, [짧은뜨기 1코, 중간긴뜨기 1코, 한길긴뜨기 1코, 두길긴뜨기 3코, 한길긴뜨기 1코, 중간긴뜨기 1코, 그 다음 짧은뜨기에서 빼뜨기] 과정을 사슬고리마다 반복해 큰 꽃잎 6개를 만든다.

# 수레바퀴 코사지 Wheel Corsage

앞쪽 5군데에서 아랫단으로부터 실을 끌어올려 짧은뜨기를 해
수레바퀴 모양과 비슷하게 만든 납작한 코사지 디자인이다.

난이도 : ●●○○○
주요 기법 : 코바늘 기본 기법(p139~141 참조)
실 소요량 : 꽃술용 금속실과 꽃잎용 장식실 2가지 색상 약간
바늘 : 코바늘 3mm (5/0)
완성 치수 : 지름 5.5cm 내외
준비물 : 세 가지 색상 실(A, B, C), 브로치 판대, 낚시 줄, 가는 바늘, 단주 구슬

\* 꽃잎 5개 모양의 코사지로 한길긴뜨기 10코로 시작해 모두 4단에 걸쳐 코사지 앞면을 바라보고 뜬다.
이때, 3단 또는 4단만 코사지 뒷면을 바라보고 뜨면, 색다른 느낌의 코사지를 만들 수 있다.

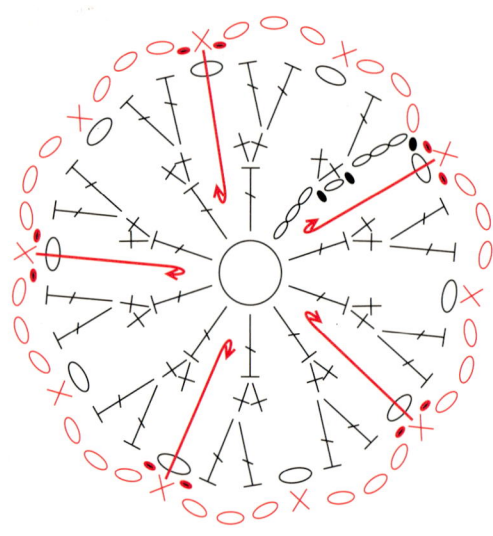

1. 1단(A실) : 손가락을 이용해 실을 동그라미 모양으로 만든 다음, 동그라미 안으로 바늘을 넣어 사슬뜨기 3코(기둥), 한길긴뜨기 9코를 뜨고, 3번째 사슬에 빼뜨기로 마무리한 후 실을 잡아당겨 동그라미를 오므린다.
2. 2단(A실) : 사슬뜨기 1코를 뜬 후, 이전 단의 사슬 기둥에서 2코 짧은뜨기를 한다. 한길긴뜨기 1코마다 2코씩 짧은뜨기를 해서 콧수를 2배로 늘려준 후, 첫 번째 짧은뜨기에서 B실로 빼뜨기하며 마무리한다.
3. 3단(B실) : 첫 번째 짧은뜨기에서 사슬뜨기 3코(기둥), 1코 중간긴뜨기를 한 후, 1코 사슬뜨기를 하며 아랫단의 짧은뜨기를 1코 건너뛴다. [다음 짧은뜨기 한길긴뜨기 2코, 사슬 1코 뜨면서 아랫단 짧은뜨기 1코 건너뛰기 과정을 반복해 납작한 작은 꽃잎을 10개 만든 후 첫 번째 사슬 기둥에서 C실로 빼뜨기를 해 마무리한다.
4. 4단(C실) (도안 빨간색 부분) : 사슬 3코를 뜨고, 아랫단의 한길긴뜨기 2코를 건너뛰고, 1코 사슬로 만들어진 구멍에서 짧은뜨기를 한 다음, 다시 사슬을 3코 뜨면서 한길긴뜨기 2코를 건너뛰고, 그 다음 사슬 구멍에서 빼뜨기 1코, 코바늘을 코사지 앞쪽에서 뒤쪽으로 아래의 2단으로 질러 넣어 실을 감고 위쪽으로 감은 실을 끌어올려 짧은뜨기를 한 후 동일한 구멍에서 빼뜨기를 1번 더 해 꽃잎 1개의 모양을 만든다. 이와 같은 과정을 4번 더 반복해 모두 5개의 꽃잎을 만든다.

## 코바늘로 동그랗게 짧은뜨기 하기

매 단을 시작할 때마다 1코씩 사슬뜨기를 해 세움코를 만들고 첫 코와 마지막 코는 빼뜨기로 연결해 단과 단을 구분해주면서 동그랗게 뜬다.

**TIP**
코바늘뜨기에서 콧수를 셀 때는, 코바늘에 걸린 코는 1코로 세지 않는다.

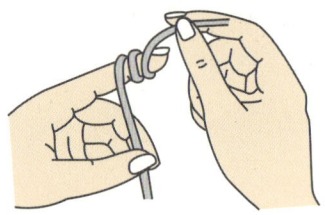

1. 왼손 검지에 실을 2회 돌려 감는다.

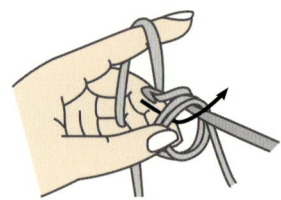

2. 오른손으로 2번 감아 만든 동그라미를 그대로 빼내어 왼손 엄지와 중지로 동그라미를 잡아준 후, 검지를 들어 실을 팽팽하게 걸친다. 자세를 잡은 다음에 동그라미 사이로 바늘을 넣어 실을 감아 빼내어 고리를 1개 만든다.

3. 다시 한번 실을 감아서 고리 사이로 뺀다.

4. 최초의 시작코를 만든다. 이 코는 실제 1코로 여기지 않는다.

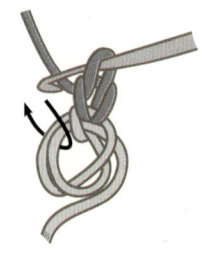

5. 시작코에서 사슬뜨기로 1코 세움코를 만든다.

6. 가운데 동그라미 사이로 바늘을 넣어 실을 감아 빼내어 고리를 1개 만든 다음, 다시 바늘에 실을 감아 2개의 고리 사이로 빼내며 첫 번째 짧은뜨기 코를 만든다.

7. 원하는 콧수만큼 가운데 동그라미 사이로 바늘을 넣어 짧은뜨기 코를 만든 다음, 꼬리실과 동그라미 가운데 안쪽 실을 살살 잡아당겨 가운데 동그라미를 오므린다.

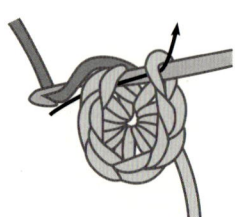

8. 빼뜨기로 1코 세움코와 마지막으로 짧은뜨기한 코를 동그랗게 잇는다.

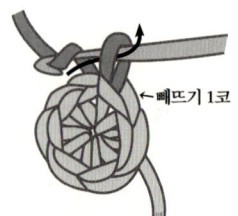

9. 2번째 단을 시작할 때 1코 사슬뜨기로 기둥을 세워준다.

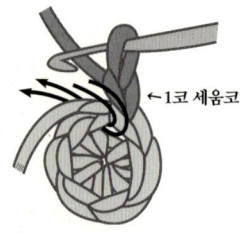

10. 2번째 단에서 처음 3~4코를 뜰 때 꼬리실을 휘감아 감추며 짧은뜨기를 한다.

## 한길긴뜨기로 둥글게뜨기

매 단의 시작 부분에서 사슬 3코 세움코를 만들고 마지막에 빼뜨기로 연결하는 방식이다.

   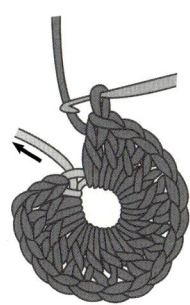 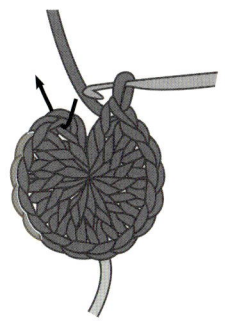

1. 시작코를 만든 다음, 사슬뜨기로 3코 세움코를 만든다.
2. 동그라미 안으로 바늘을 넣어 한길긴뜨기를 한다.
3. 원하는 콧수만큼 동그라미 가운데에서 한길긴뜨기를 한다.
4. 3코 세움코의 3번째 코에 바늘을 넣어 빼뜨기로 연결해 동그라미를 만든다.

## 앞걸어 짧은뜨기

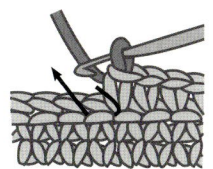 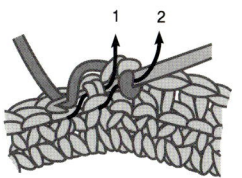 

1. 앞에서 뒤쪽으로 화살표 방향을 따라 아랫단 짧은뜨기의 기둥으로 바늘을 넣어 앞쪽으로 기둥이 둘러싸이도록 실을 감아 뺀다.
2. 바늘에 실을 감아 바늘에 걸친 2개의 고리 사이로 뺀다.
3. 완성된 모양. 배꽃 코사지에 사용한 기법이다.

## 짧은뜨기 1코 늘리기

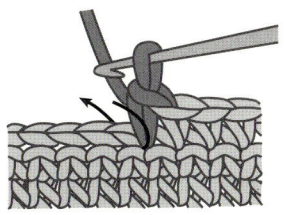 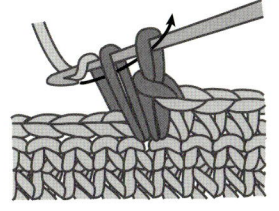 

1. 짧은뜨기한 코에 다시 화살표 방향으로 바늘을 넣어 실을 감아 뺀다.
2. 바늘에 실을 한 번 감아 바늘에 걸쳐 있는 고리 2개 사이로 빼낸다.
3. 하나의 짧은뜨기에서 2코를 만들어 1코가 늘어난 모양.

# 펠트 반장갑 Felt Mitten

양쪽 장갑의 배색과 무늬뜨기를 각각 다르게 해 재미를 더한 펠트 반장갑으로
초보자들도 쉽게 만들 수 있도록 손가락 부분을 없애 평면뜨기로 뜰 수 있도록 디자인했다.

난이도 : ●●○○○
주요 기법 : 감아뜨기로 코 늘리기, 펠팅하기
실 소요량 : 펠트전용 양모 트위드실 진회색, 파란색, 연갈색, 진갈색 각 50g(1타래)씩
바늘 : 5.5mm
게이지 : (펠팅 전) 12코 19단
펠팅 전 치수 : 팔 둘레 22cm, 길이 24cm
펠팅 전 치수 : 팔 둘레 25cm, 길이 32cm
수축률 : 가로(코) 20%, 세로(단) 25% 내외

**TIP**
1. 안뜨기편과 겉뜨기편 등 무늬뜨기를 할 때 형식에 구애받지 않고 자유롭게 배치한다.
2. 세탁기를 이용해 펠팅을 한 다음, 젖은 상태에서 팔에 끼고 손목이 드나들기 편안하게 살짝 늘려주고,
   가운데 팔목 부분은 조여 주면서 손 모양에 맞게 충분히 틀을 잡아가며 말리면 더 편안하게 낄 수 있다.

## 펠팅 후 완성 치수

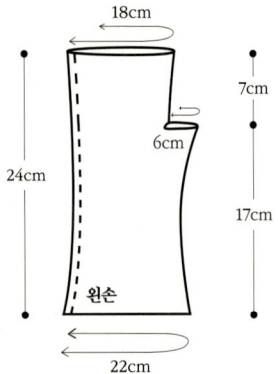

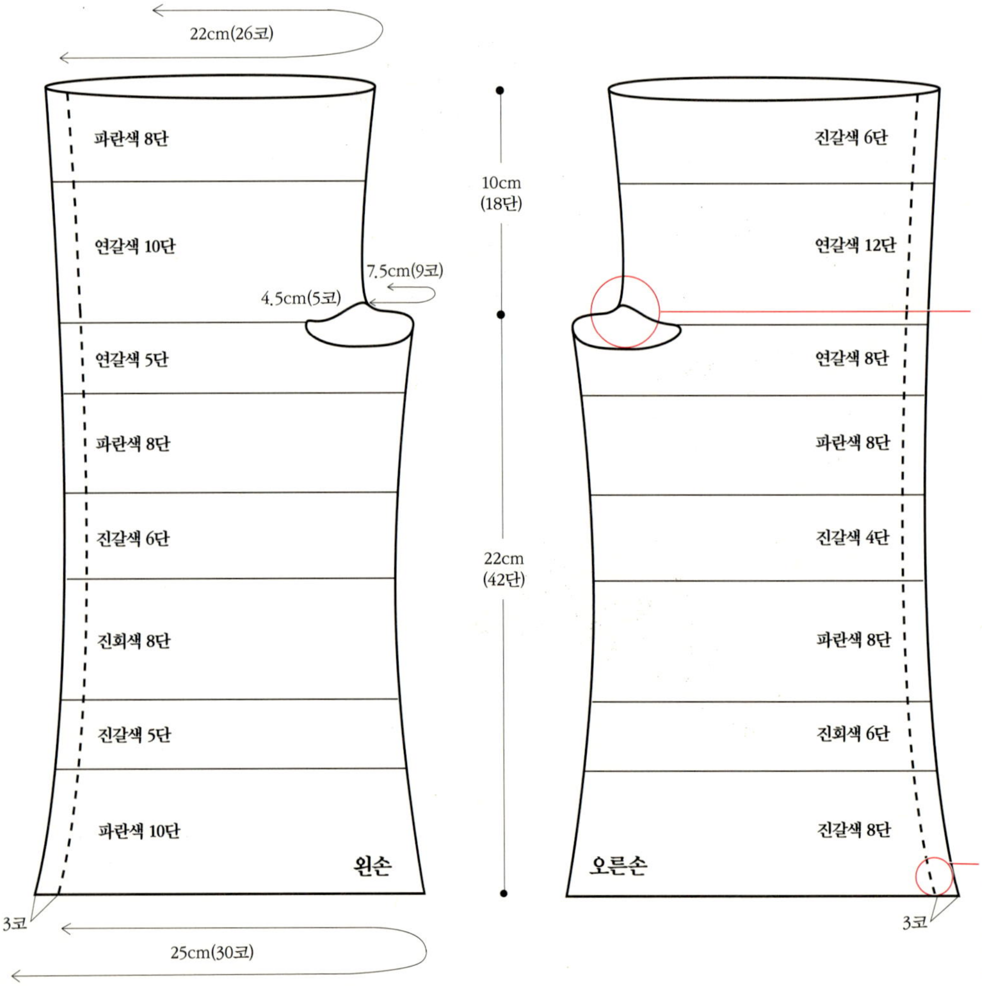

### 엄지 구멍 만들기
1. 43단(바깥 면) : 9코 겉뜨기, 9코 막음, 겉뜨기 12코(21코)
2. 44단(안쪽 면) : 9코 안뜨기, 5코 만듦, 겉뜨기 12코(26코)

### 손등 위 솔기 잇기
펠팅을 하기 전에 손등 위 바깥으로 솔기가 두툼하게 보이도록 가장자리에서 3코 안쪽으로 들어가(점선 부분) 돗바늘로 옆선을 먼저 잇는다.

# 캐주얼 펠트 백 Casual Handbag

평상시 편안하게 들고 다니기 좋은 종이봉투 스타일의 캐주얼한 작은 손가방이다.

난이도 : ●●○○○
주요 기법 : 옆선 각 세우기, 펠팅하기
실 소요량 : 펠트 전용 양모 트위드실 진회색, 파란색, 연갈색, 진갈색 각 50g(1타래)씩
바늘 : 5.5mm
게이지 : (펠팅 전) 12코 21단
펠팅 후 치수 : 입구 둘레 44cm, 총 길이 34cm
펠팅 전 치수 : 입구 둘레 60cm, 총 길이 48cm
수축률 : 가로(코) 25%, 세로(단) 30% 내외
부속 재료 : 가죽 손잡이(50cm)와 D자형 고리 세트

**TIP**
만드는 방법이 다른 펠트 가방과 크게 다르지 않다.
만들고자 하는 가방 너비와 높이에 맞게 코와 단수를 조절해 둥글게뜨기로 만든다.
배색 역시 각자의 취향대로 자유롭게 배색한다.
가방 윗부분의 접는 부분이 깔끔하게 잘 접히도록 안뜨기 1단을 넣는다.
가죽 가방 끈을 매다는 D자형 고리는 바늘과 실로 적당한 위치에 꿰매어 부착한다.

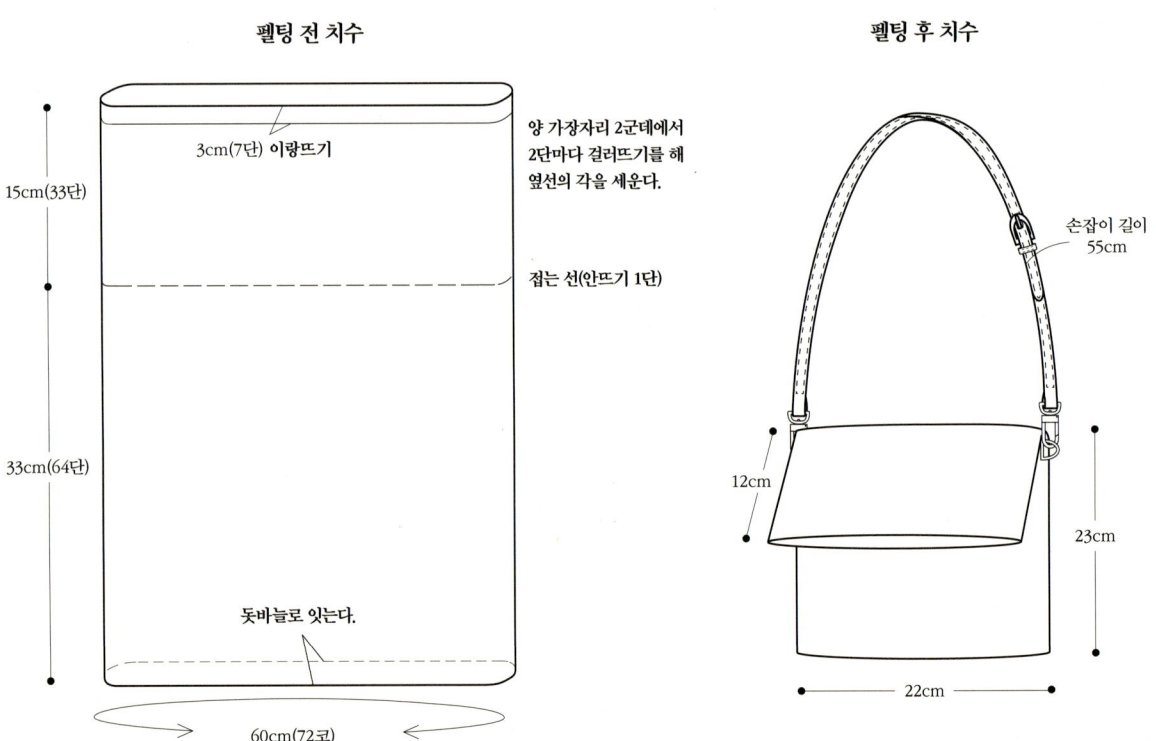

# 펠트 폰 케이스 Smart Phone Case

펠트 실로 만든 나만의 휴대폰 케이스로 휴대하기 편리하게 가죽 손잡이를 달았다.

난이도 : ●●●○○
주요 기법 : 펠팅하기
실 소요량 : 펠트전용 양모 트위드실 진회색, 파란색, 연갈색, 진갈색 각 50g(1타래)씩
바늘 : 5mm 장갑용 막대바늘 4개
게이지 : (펠팅 전) 15코 22단
펠팅 후 치수 : 밑판 둘레 19cm, 높이 12cm
펠팅 전 치수 : 밑판 둘레 24cm, 높이 16 cm
수축률 : 가로(코) 18%, 세로(단) 25% 내외
부속 재료 : 돗바늘, 가죽 손잡이, 연필 모양 단추

**TIP**
다른 펠트 작품과 달리 가는 바늘로 상대적으로 촘촘하게 뜨고, 부드러운 촉감이 나도록
펠팅 작업을 약하게 하는 것이 좋다. 따라서 완성 치수와 작업 치수의 차이가 상대적으로 크게 나지 않는다.
입구 부분이 벌어지거나 말리지 않도록 앞뒤면 양쪽 가장자리에서 왼코겹치기를 해 모두 4코를 줄여준 다음,
이랑뜨기로 4단을 뜬 후 안뜨기로 코를 막아 작품의 완성도를 높인다.

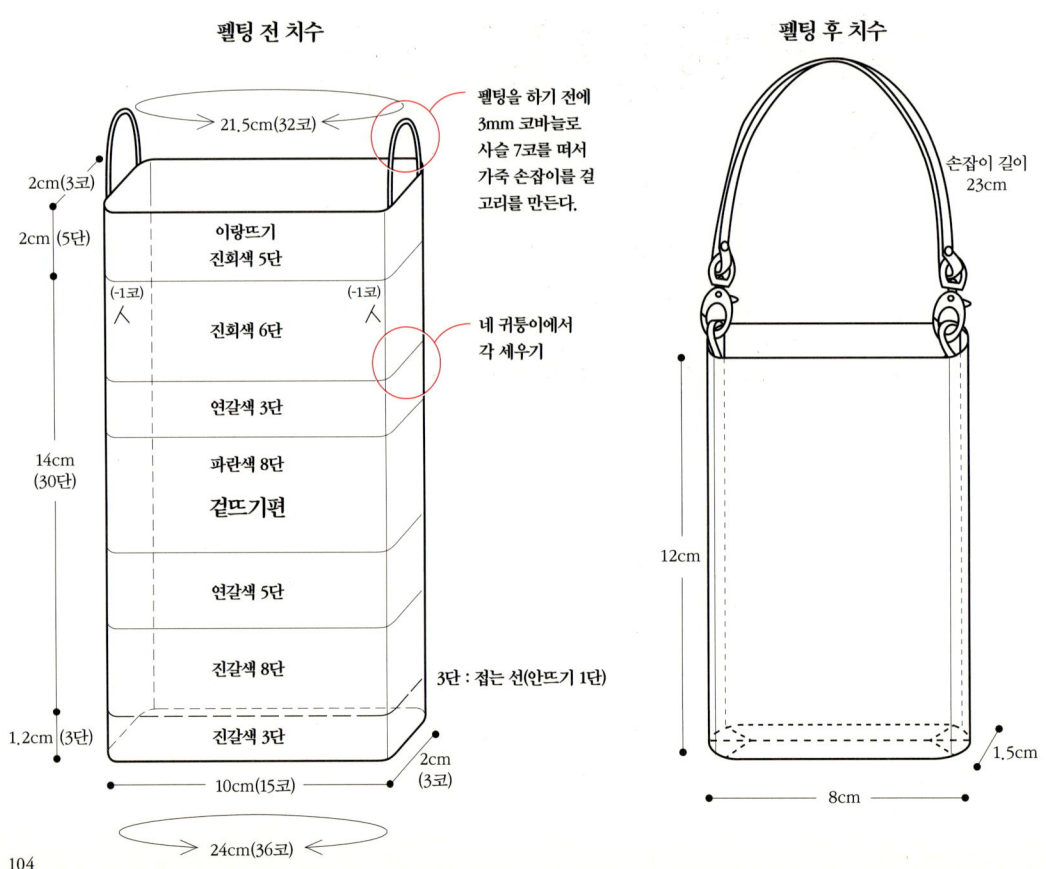

# 펠트 덧신 Felt Slipper

슬리퍼에 미끄럼 방지 창을 덧대어 실용성을 더한 펠트 슬리퍼로,
가죽 소재의 창을 덧대면 실외용 신발로도 사용이 가능하다.

난이도 : ●●●●○
주요 기법 : 펠팅하기, 코 줄이며 뒤축 만들기
실 소요량 : 펠트전용 양모 굵은 실 여자용 갈색 파랑 복합색 150g(3타래), 남자용 보라 연두 복합색 250g(5타래)
바늘 : 8mm
게이지 : (펠팅 전) 12코 18단, (펠팅 후) 15코 26단
펠팅 후 치수 : 발 둘레 25(27)cm, 길이 23(26)cm * 괄호 안 숫자는 남자용 신발 크기이다.
펠팅 전 치수 : 발 둘레 31(35)cm, 길이 33(38)cm
수축률 : 가로(코) 20%, 세로(단) 30% 내외
부속 재료 : 미끄럼 방지용 신발 바닥 덧창

1. 8mm 대바늘로 34코를 만든다. 안뜨기 단부터 시작해 겉뜨기로 17단을 떠서 슬리퍼 옆면을 만든다.
2. 뒤꿈치 부분을 만들기 위해 34코를 13코(옆면), 8코(뒤축), 13코(옆면)로 나누어 양쪽 가장자리에서 14번째 코에 각각 위치를 표시한다.
3. 19단(바깥 면) : 20코를 겉뜨기로 뜬 후 뒤축의 마지막 코이자 위치를 표시한 코인 21번째 코와 옆면 첫째 코인 22번째 코를
    오른코겹치기로 1코를 줄이며 뒤축 모양을 내기 시작한다. 남은 코는 그대로 남겨두고 되돌아 뜬다.
4. 20단(안쪽 면) : 첫 코를 안뜨기 모양으로 걸러 뜬 후, 6코를 안뜨기한다. 그리고 위치를 표시한 뒤축 마지막 코와 다음 코를
    왼코겹쳐안뜨기로 1코를 줄인 다음 다시 되돌아 뜬다.
5. 2~3 과정처럼 뒤축 양옆에서 옆면의 코를 1코씩 줄여가면서, 바늘에 8코(뒤축)만 남을 때까지 다음의 2단 과정을 반복한다.
    [(바깥 면) 첫 코 걸러뜨기, 겉뜨기 6코, 위치를 표시한 코와 다음 코 오른코겹치기
    (안쪽 면) 첫 코 걸러뜨기, 안뜨기 6코, 위치를 표시한 코와 다음 코 왼코겹쳐안뜨기]
6. 다음 단(바깥 면)은 바늘에 걸려 있는 뒤축 8코 중 첫 코는 겉뜨기 모양으로 걸러 뜨고 다음 3코를 뜬 후, 뒤축 가운데에 위치를 표시한다.
    양쪽 옆면 가장자리에서 11코씩 줍고 발등에 6코를 만들고, 바닥 8코까지 총 36코를 만들어 둥글게뜨기를 시작한다.
    발등 부분의 길이가 약 15cm 정도(펠팅 전 길이)가 되도록 27단을 뜬다.
7. 뒤축 가운데 지점부터 겉뜨기 6코, 왼코겹치기, 겉뜨기 2코, 오른코겹치기, 겉뜨기 12코, 왼코겹치기, 겉뜨기 2코, 오른코겹치기, 겉뜨기
    6코의 순서로 양옆에서 2코 중심을 세우고 코를 줄여 발끝 부분의 모양을 내기 시작한다. 8코가 남을 때까지 2-2-3, 1-2-3 순서대로
    양옆에서 6번 더 코를 줄인 다음, 실을 잘라 남은 8코 사이로 통과시킨 후 잡아당긴다.
8. 코바늘로 발목 가장자리를 짧은뜨기 2단으로 떠서 마무리한다. 자연스럽게 말리는 디자인을 선호한다면 코바늘로 마무리를 하지
    않아도 좋다. 사진의 여자 슬리퍼는 코바늘로 마무리하지 않았고, 남자 슬리퍼는 코바늘로 마무리를 해 발목 부분을 높여주었다.
    * 이 만드는 순서는 여자용 신발 크기를 기준으로 한 것이다.

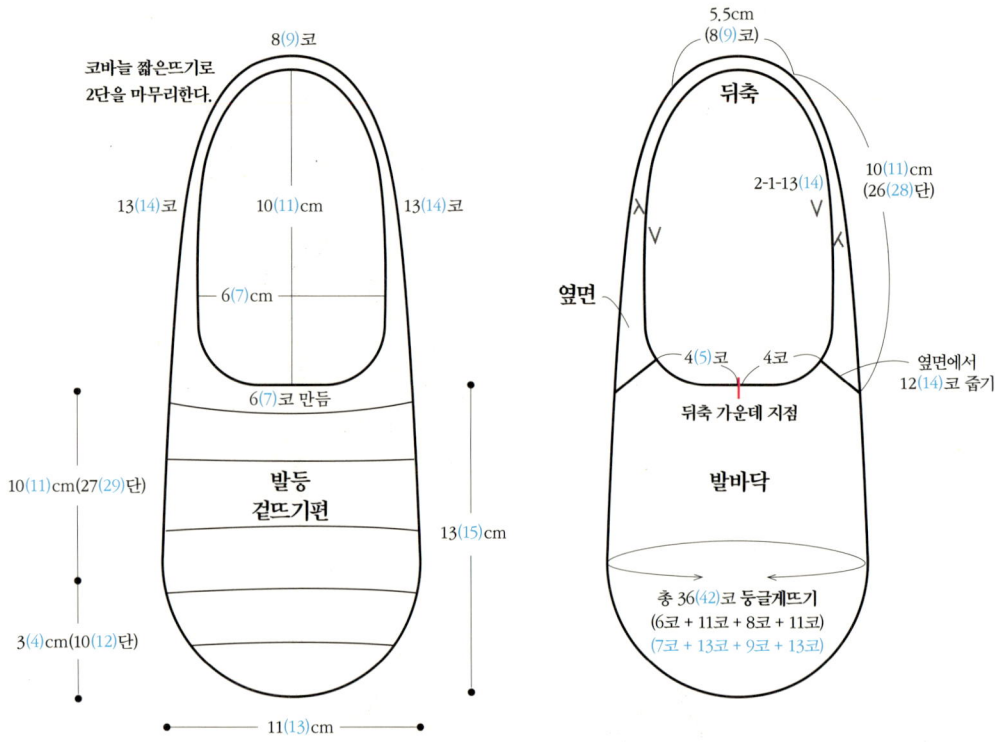
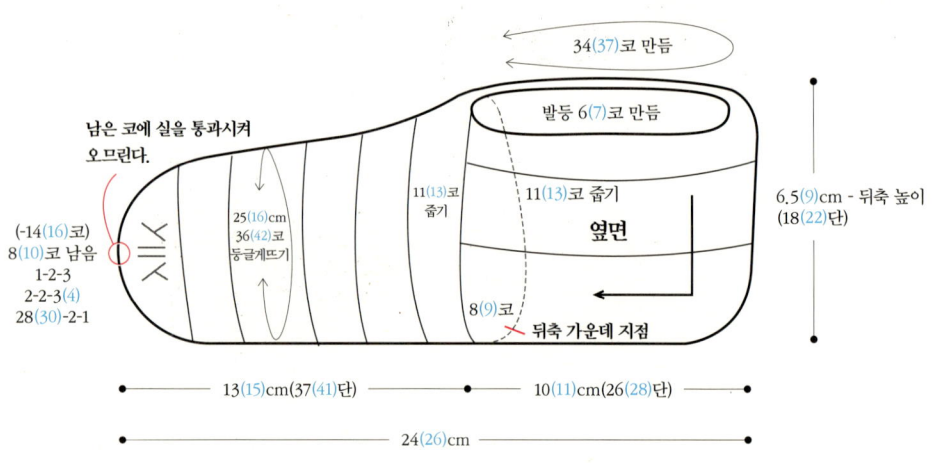

* 이 곳의 모든 치수는 펠팅 후 완성 치수이다. 괄호 안의 파란색 숫자는 남자용 신발의 치수이다.

# 펠트 쇼퍼백 Felt Shopper Bag

손뜨개 쇼퍼백과 동일한 방법으로 만들어 역시 만드는 사람 마음대로 배색한다.
일반 손뜨개 가방과는 달리 펠팅을 하기 때문에 방법과 색이 비슷해도 사뭇 다른 느낌을 주는 작품이다.

난이도 : ●●●○○
주요 기법 : 가방 바닥 모양 만들기, 세로로 배색하기, 펠팅하기

**Type 1 (세로형)**
실 소요량 : 펠트 전용 양모 가는 실 450g(9타래) [검정 3타래, 파랑 2타래, 빨강, 하양, 노랑, 연두색 각 1타래씩] * 가는 실 2겹으로 뜬다.
바늘 : 7mm
게이지 : (펠팅 전) 12코 16단, (펠팅 후) 15코 23단
펠팅 후 치수 : 너비 31cm, 높이 35cm, 깊이 10cm
펠팅 전 치수 : 너비 40cm, 높이 50cm, 깊이 13cm
수축률 : 가로(코) 20% 세로(단) 30% 내외
부속 재료 : 가죽 손잡이(70cm) 1쌍, 가방 바닥용 판

**Type 2 (가로형)**
실 소요량 : 펠트 전용 양모 가는 실 450g(9타래) [회색 3타래, 분홍, 하늘 각 2타래, 보라, 하양 각 1타래] * 가는 실 2겹으로 뜬다.
바늘 : 7mm
펠팅 후 치수 : 너비 35cm, 높이 29cm, 깊이 10cm
펠팅 전 치수 : 너비 43cm, 높이 43cm, 깊이 13cm
수축률 : 가로(코) 20% 세로(단) 30% 내외
부속 재료 : 가죽 손잡이(70cm) 1쌍, 가방 바닥용 판

**TIP** 둥글게뜨기로 겉뜨기편을 만들 때는 계속 겉뜨기 단만 뜨면 된다.

1. 7mm 대바늘로 130코를 만든다.
2. 겉뜨기편으로 12단 동안 둥글게뜨기를 해 바닥 부분을 만든다.
3. 13단 : 안뜨기 1단을 만들어 바닥과 가방 옆면의 경계선을 표시한다.
4. 14단 : 위치 표시하기, 걸러뜨기 1코, 겉뜨기 49코, 위치 표시하기, 걸러뜨기 1코, 겉뜨기 14코, 위치 표시하기, 걸러뜨기 1코, 겉뜨기 49코, 위치 표시하기, 걸러뜨기 1코, 겉뜨기 14코.
5. 15단 : 걸러뜨기 없이 모든 코를 겉뜨기로 뜬다.
6. 16단 : 14단과 동일하게 네 귀퉁이에서 걸러뜨기 하면서 겉뜨기로 뜬다.
7. 다음 단 : 걸러뜨기 없이 모든 코를 겉뜨기로 뜬다.
8. 높이가 50cm 정도 될 때까지 실의 색을 바꿔가며 위의 2단을 반복하며 옆선의 각을 세워준다.
9. 가방 입구가 말리지 않도록 8단을 이랑뜨기로 뜬 후 안뜨기로 모든 코를 막는다.
10. 바깥 면을 바라본 상태에서 시작 단을 감침질로 정리해 바닥판의 중심선을 잇는다.
11. 가방을 안쪽으로 뒤집는다.
12. 13단의 안뜨기선을 접는 기준선으로 삼아 바닥판 양옆을 삼각형으로 접어 바느질해 가방 바닥의 각을 세운다.
13. 펠팅을 한다.
14. 가죽 손잡이를 적당한 위치에 붙이고 안쪽 바닥에 판을 넣어 완성한다.

### Type 1 (세로형) : 펠팅 후 치수

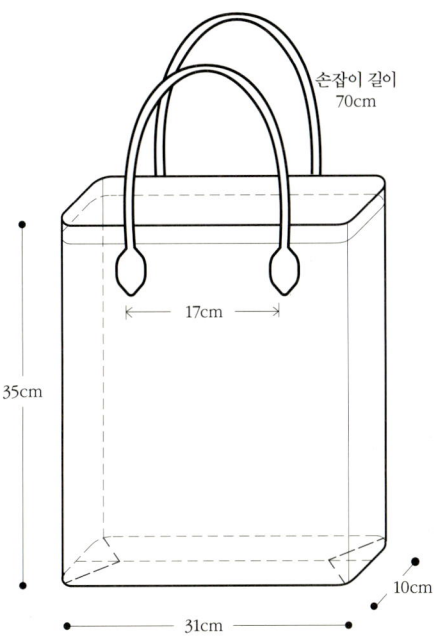

손잡이 길이 70cm
17cm
35cm
31cm
10cm

### 펠팅 전 치수

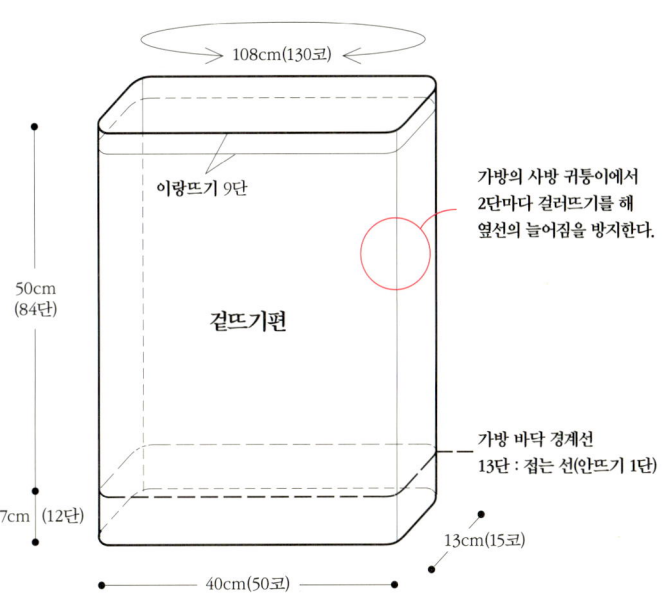

108cm(130코)
이랑뜨기 9단
50cm (84단)
겉뜨기편
가방의 사방 귀퉁이에서 2단마다 걸러뜨기를 해 옆선의 늘어짐을 방지한다.
가방 바닥 경계선 13단 : 접는 선(안뜨기 1단)
7cm (12단)
40cm(50코)
13cm(15코)

### Type 2 (가로형) : 펠팅 후 치수

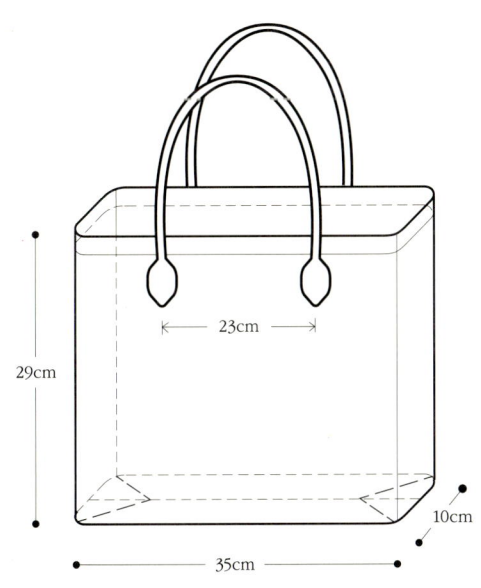

23cm
29cm
35cm
10cm

### 세로 배색하기

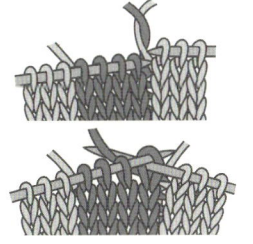
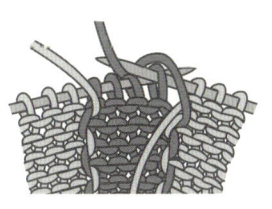

1. 바깥 면에서 새 실로 이전에 사용한 실을 감싸주어 아래로부터 끌어올리며 새 실로 바꾸어 뜬다.

2. 안쪽 면에서도 이전 색의 실을 내려놓고, 새로운 배색실로 이전 실을 감싸며 끌어올려 뜬다. 1, 2를 반복하면 배색 연결 부분이 벌어지지 않고 자연스럽게 이어지며 세로 배색이 이루어진다.

113

## 펠팅하는 방법

### step 01 펠팅하기

세제를 푼 따뜻한 물을 넣고 세탁기에 돌린다. 스티치 형태가 보이지 않고 천이 딱딱한 느낌이 들 때까지 펠팅을 한다. 청바지 등과 함께 넣고 돌리면 마찰과 회전 밸런스가 균일해져 펠팅 효과가 좋아진다. 펠팅을 할 때 보통 20~30% 정도 사이즈가 줄어들지만, 모든 실이 그런 것은 아니기 때문에 주의해야 한다. 펠팅을 했는데 원하는 사이즈가 나오지 않으면, 틀을 잡아주면서 펠팅 과정을 반복한다. 린스나 탈수 과정은 가능한 하지 않는 것이 완성도 높은 작품을 얻을 수 있다.

### step 02 모양 잡기와 건조

펠팅을 마쳤으면, 손세탁으로 찬물에 비눗기를 말끔하게 없애고 타월로 살짝 눌러 물기를 뺀다. 그리고 바느질한 부분의 이음새를 납작하게 눌러주거나 해서 전체적인 모양을 잡아준다. 펠트 덧신의 경우, 젖어 있는 신발을 5분 정도 직접 신고 모양을 제대로 잡은 후에 신문지 등으로 속을 채워 틀을 잡은 채 건조시키는 것이 좋다. 섬유끼리 뭉쳐 있어 다소 거칠게 펠팅 처리가 된 표면은 손으로 잘 풀어 부드럽고 평평하게 만들어준다.

### step 03 밑창 보강 작업 및 면도

덧신의 경우 미끄러짐 방지를 위해 시판용 라텍스 밀크나 가죽, 또는 펠트 밑창 등을 바닥에 부착한다. 또한 지저분하게 돌출해 있는 실뭉치도 가위 등을 이용해 깔끔하게 제거해 정리한다.

## 펠팅할 때 주의할 점

1. 펠팅을 할 때 수축율을 미리 고려해 원하는 사이즈보다 크게 만들어야 한다.

2. 펠트는 가로보다 세로 단 방향 축소가 더 많이 이루어지기 때문에 가방 사이즈를 결정할 때 이런 특성을 반영해야 한다. 또한 건조하기 전에 더 많이 오그라든 세로 방향으로 힘을 주어 늘려주거나, 가방을 사용하게 되면 자연스럽게 세로 방향이 늘어난다는 사실도 가방 크기를 결정할 때 미리 생각하는 것이 좋다.

3. 흐린 색일수록 펠팅이 느리게 된다는 점을 유의해 색을 배치하는 것이 좋다. 어두운 컬러가 밝은 컬러보다 빨리 펠팅되며, 흰색의 경우 펠팅 시간이 상당히 길다. 그렇기 때문에 밝은 색은 윗부분에 진한 색은 아래 부분에 사용하면 조금 더 완성도 높은 가방을 만들 수 있다.

# 펠트 토트백 Felt Tote Bag

펠팅을 하기 전에 측면을 끈으로 묶어 가방 틀을 조금 다르게 잡아 펠팅한 다음,
리본 끈을 달아 조금 더 여성스러운 느낌을 살린 작은 손가방 스타일의 펠트 가방이다.
서로 다른 색상의 실을 한 가닥씩 합쳐 오묘한 색감을 연출했으며,
마치 도화지에 색칠하듯 자유롭게 배색하는 것이 주요 디자인 포인트이다.

난이도 : ●●●○○
주요 기법 : 가방 바닥 모양 만들기, 옆선 각 세우기, 펠팅하기
실 소요량 : 펠트 전용 양모 굵은 실 400g(10타래) 진녹색, 진갈색과 하늘색 각 2타래, 노란색, 연갈색, 주황색, 분홍색 각 1타래씩
* 굵은 실 2겹으로 뜬다.
바늘 : 12mm
게이지 : (펠팅 전) 7코 10단, (펠팅 후) 9코 14단
펠팅 후 치수 : 너비 40cm, 높이 22cm, 깊이 12cm
펠팅 전 치수 : 너비 50cm, 높이 31cm, 깊이 15cm
수축률 : 가로(코) 20%, 세로(단) 30% 내외
부속 재료 : 가죽 손잡이(50cm)와 가방 바닥용 판

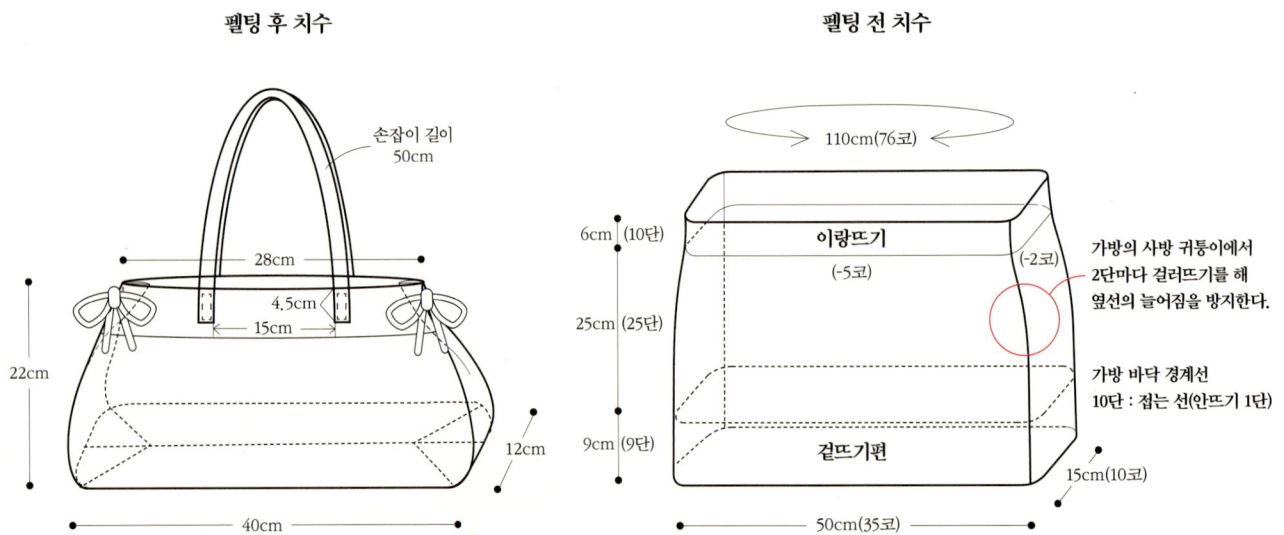

### 옆선 네 귀퉁이 각 세우기

11단에서 시작해 마지막 단까지 다음과 같이 뜬다.
위치 표시하기, 걸러뜨기 1코, 겉뜨기 34코, 위치 표시하기, 걸러뜨기 1코, 겉뜨기 9코, 위치 표시하기, 걸러뜨기 1코, 겉뜨기 34코, 위치 표시하기, 걸러뜨기 1코, 겉뜨기 9코.

### 가방 입구 모양내기

35단 : 가방 입구가 벌어지는 것을 방지하기 위해 균일한 간격으로 2코 한꺼번에 뜨는 왼코겹치기로 앞뒷판에서 각각 5코씩, 양옆면에서 2코씩 총 14코를 줄여 76코를 만들어 이랑뜨기로 8단을 뜬 후 안뜨기로 모든 코를 막는다.

### 가방 옆면 주름잡기

1. 양옆 면 위쪽에서 3cm 내려오고 안쪽으로 약 2cm 들어간 지점에 임시로 펠팅되지 않는 소재로 된 여밈 끈을 꿰어 가방 측면에 주름을 잡아준 후, 펠팅을 한다.
2. 펠팅 처리 후 임시 여밈 끈은 제거하고, 펠트실 분홍색, 하늘색, 연갈색 각 2겹씩 6가닥으로 땋은 여밈 끈(30cm)으로 새로 꿰어 가방 옆면 주름 모양을 잡아준다.
3. 가죽 손잡이를 색실과 바늘을 이용해 박음질한다.

# 아기 펠트 덧신 Felt Slipper

다른 신발 디자인에 비해 상대적으로 만들기가 쉬워서 누구나 어렵지 않게 도전해 완성할 수 있는 덧신이다. 뒤축에서 시작하는 콧수를 조절하면 다양한 크기로 변형하는 것 또한 간단하게 할 수 있다. 사랑스러운 코사지 덧장식으로 앙증맞은 느낌을 더했다.

난이도 : ●●○○○
주요 기법 : 펠팅하기, 코 줄이며 뒤축 만들기
실 소요량 : 펠트전용 양모 굵은실 100g(2타래)
바늘 : 8mm
게이지 : (펠팅 전) 12코 18단, (펠팅 후) 15코 26단
펠팅 후 치수 : 발 둘레 19cm, 길이 16cm
펠팅 전 치수 : 발 둘레 23.5cm, 길이 21.5cm
수축률 : 가로(코) 20%, 세로(단) 30% 내외
부속 재료 : 미끄럼 방지용 신발 바닥 덧창, 레이스, 펠트 등 코사지 재료 일체

**펠팅 후 치수**

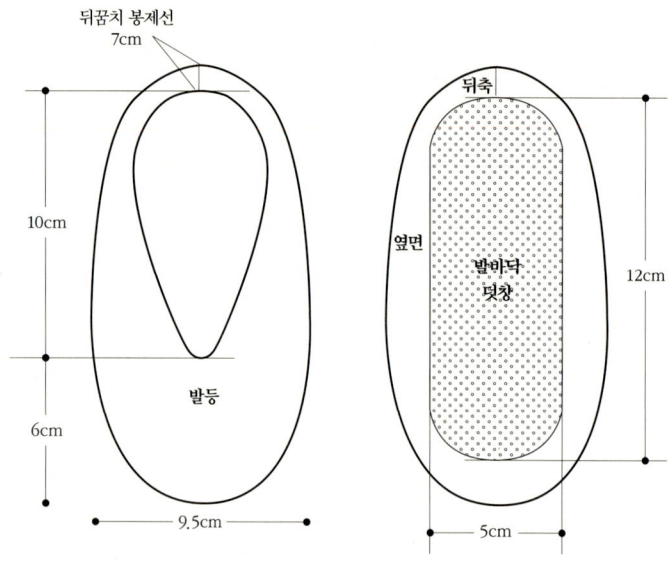

**펠팅 전 치수**

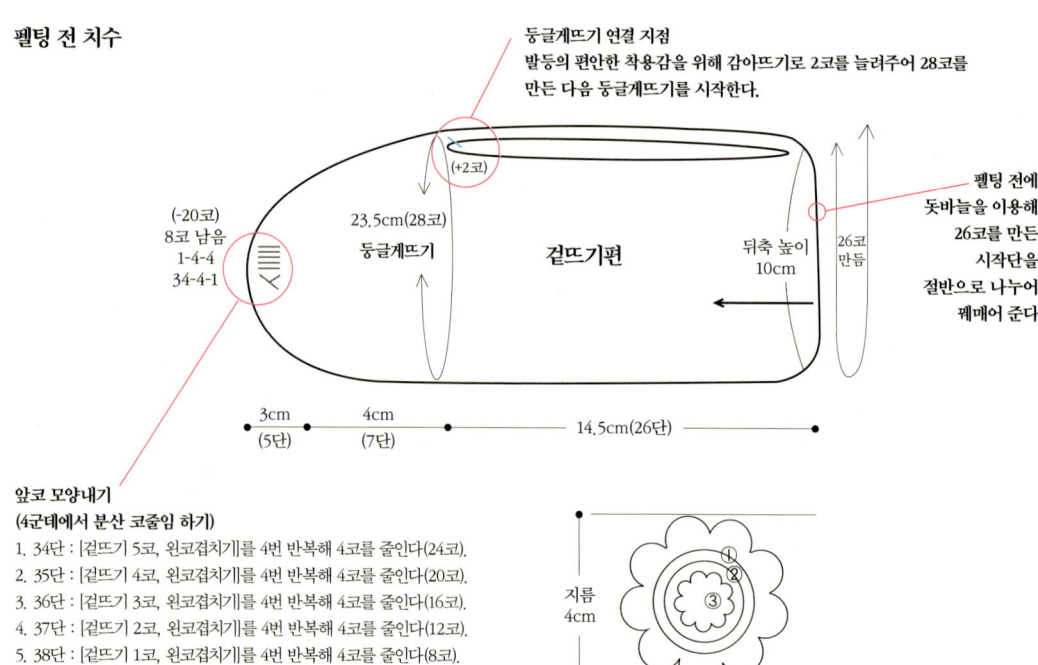

**앞코 모양내기**
(4군데에서 분산 코줄임 하기)
1. 34단 : [겉뜨기 5코, 원코겹치기]를 4번 반복해 4코를 줄인다 (24코).
2. 35단 : [겉뜨기 4코, 원코겹치기]를 4번 반복해 4코를 줄인다 (20코).
3. 36단 : [겉뜨기 3코, 원코겹치기]를 4번 반복해 4코를 줄인다 (16코).
4. 37단 : [겉뜨기 2코, 원코겹치기]를 4번 반복해 4코를 줄인다 (12코).
5. 38단 : [겉뜨기 1코, 원코겹치기]를 4번 반복해 4코를 줄인다 (8코).
6. 남은 8코에 실을 통과시켜 오므린다.

**앞장식 코사지 만들기**

1. 레이스 끈을 큰 동그라미 모양 부직포에 맞춰 원형으로 돌려준 뒤 바느질을 한다.
2. 그 위에 작은 동그라미 모양 부직포를 놓고 바느질을 한다.
3. 레이스 모티프를 작은 동그라미 모양 부직포 위에 놓고 바느질을 한다.

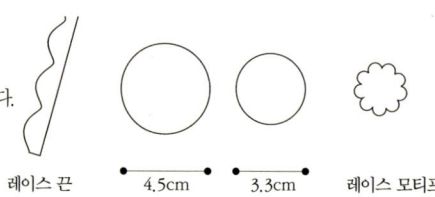

# 작품을 만들기 전에 알아두세요

1. 이 책에서는 일반적으로 통용되고 있는 일본식·영어식 뜨개 용어가 아니라,
   가급적 아래와 같이 우리말로 된 용어로 바꾸어 사용했다.

   뜨개지, 뜨개편 → 뜨개 바탕
   무늬편 → 무늬뜨기
   메리야스편 → 겉뜨기편
   안메리야스편 → 안뜨기편
   교차뜨기 → 꽈배기뜨기
   원형뜨기 → 둥글게뜨기
   가터편 → 이랑뜨기
   고무편 → 고무뜨기
   아란무늬 → 다이아몬드무늬
   바늘 비우기 → 구멍 만들기

2. 다른 작품에도 사용되는 기법들은 기법에 대한 상세 설명이
   나온 페이지 숫자를 표기했으니 참조한다.

3. 만드는 방법 그림의 화살표 표시는 작업 방향을 의미하며,
   화살표 방향이 같은 방향으로 표시되어 있으면
   평면뜨기, 마주보고 있으면 둥글게뜨기를 하라는 의미이다.

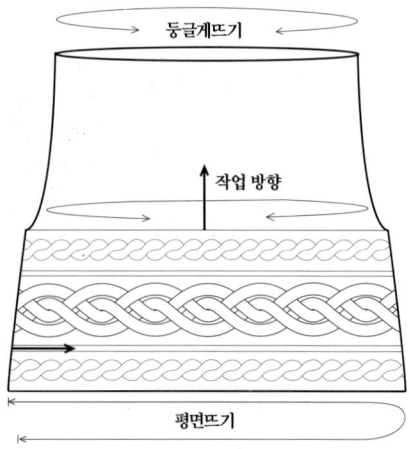

## 실 라벨을 읽으면, 손뜨개가 보인다!

대부분의 손뜨개 실은 종이 라벨로 포장이 되어 있다. 라벨에는 실 성분, 특수 가공법(방충가공, 방축가공, 머서라이징 등), 세탁 방법, 포장 단위, 원산지, 제조회사, 실의 이름, 색상 번호와 염색 번호 등 손뜨개를 할 때 필요한 중요한 정보들이 많이 들어 있어 라벨을 잘 읽어두면 큰 도움이 된다. 특히 표준 게이지와 바늘 크기, 실의 대략적인 길이, 스웨터를 뜨는 데 소요되는 양 등의 정보는 잘 알아두어야 한다.

### 게이지
가로 세로 각 10cm 면적 안에 들어가는 코와 단의 수를 뜻한다. 영어로 M, 또는 S, sts 등으로 표시된 것은 콧수를 의미하고 R, row 등은 단수를 뜻한다. 예시한 제품의 게이지는 사방 10cm 면적의 뜨개 바탕을 만드는데 필요한 코와 단의 숫자가 21코로 30단이라는 뜻이다. 작품을 시작하기 전에 뜨고자 하는 실과 바늘을 이용해 선택한 무늬로 가로 세로 각 15cm 정도 크기로 시범 뜨기를 한 후, 세탁해 방바닥에 뉘어 말린 다음, 가로 세로 각 10cm 면적 안에 들어가는 코와 단의 수를 알아내는 작업을 '게이지 내기'라고 한다. 뜨는 사람의 손놀림에 따라 동일한 코와 단수라도 그 크기와 모양이 전혀 달라지므로 본격적으로 작품을 뜨기 전에 먼저 게이지를 내보는 것이 필요하다.

### 바늘 크기
예시한 제품의 경우 사용하기 적당한 바늘 크기가 4mm라는 뜻이다. 하지만 개개인의 손놀림의 차이에 따라 0.5~1mm 정도 차이가 나도 괜찮다. 촘촘하게 뜨는 사람이라면, 권장 바늘 크기보다 0.5~1mm 정도 더 굵은 바늘을 이용하면 한층 부드럽게 뜰 수 있고, 손놀림이 느슨한 사람은 좀 더 가는 바늘을 선택하는 것이 좋다.

### 실의 중량과 길이
1타래를 50g 단위로 포장했고, 대략 180m 길이의 실이 감겨 있다는 뜻이다.

### 실의 소재
실의 소재를 설명한 부분으로 예시한 제품의 경우 양모 70%와 나일론 30% 혼방으로 만들어졌다.

### 색상 번호
제조업체에서 지정한 그 제품의 색상을 인식하는 번호 표시이다. 제품을 추가로 구입할 때, 색상 번호와 함께 반드시 염색 번호도 동일한 것으로 추가 구입해야 색상의 변화 없이 균일하게 작업을 마칠 수 있다.

### 염색 로트 번호
동일한 색상 번호라도 염색 로트 번호가 다르면, 색상이 많이 다를 수 있다. 그래서 한 가지 작품을 뜨기 위한 실을 준비할 때는 한꺼번에 필요한 양만큼 미리 사두는 것이 좋다.

### 세탁 및 손질 방법 설명
1. 미지근한 온도로 손빨래, 물세탁 가능.
2. 드라이 세탁 가능.
3. 염색 표백제 사용 금지.

### 세탁 및 손질 방법 설명
1. 2번 중간 온도로 아래에 천을 덮고 다림질.
2. 약하게 비틀어서 물기 제거.
3. 반드시 그늘에 뉘어서 건조.

### 실 소요량
그림과 같은 디자인의 스웨터를 뜨는데 소요되는 실의 양을 가늠할 수 있는 기호이다. 즉, 사이즈 40인 긴팔 풀오버를 뜨는데 약 400g 정도의 실이 필요하다는 뜻이다.

## 상세 도안 읽기

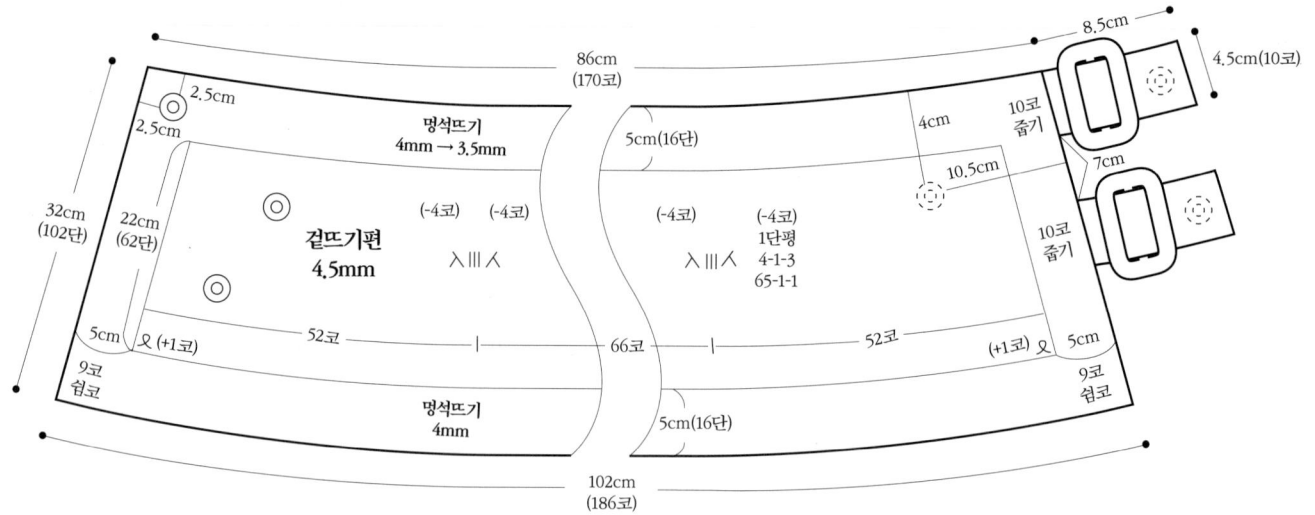

**버클 여밈 미니 케이프 Buckled Mini Cape**

1. 1단(바깥 면) : 4mm 바늘로 186코를 만든다.
2. 2단(안쪽 면) : 첫 코는 실을 뒤에 두고 겉뜨기하듯 걸러 뜨고, 다음 코를 안뜨기로 시작하면서 겉뜨기와 안뜨기를 1코씩 번갈아가며 뜬다. 마지막 코는 안뜨기로 뜨면서 멍석뜨기 준비단을 마무리한다.
3. 첫 코는 실을 앞에 두고 안뜨기하듯 걸쳐 뜬 다음, 이전 단과 무늬가 엇갈리도록 다음 코에서 겉뜨기부터 시작해 안뜨기와 겉뜨기를 1코씩 번갈아가며 작업하면서 멍석뜨기를 한다.
4. 13단 동안 위의 2단을 반복 작업해 5cm 길이의 멍석뜨기 밑단을 만든다.
5. 17단 : 양쪽 가장자리에서 앞단으로 사용할 9코를 각각 쉼코로 두고, 4.5mm 바늘로 바꿔 몸판 양쪽 끝에서 앞단과 꿰맬 때 솔기로 사용하게 될 솔기코 용도로 1코씩 늘려주어 총 170코를 만들고, 모든 코를 겉뜨기한다.
6. 18단 : 170코 모두 안뜨기하면서 겉뜨기편으로 만든다.
7. 46단 더 겉뜨기단과 안뜨기단을 번갈아가며 떠서 겉뜨기편을 만든다.
8. 65단(바깥 면) : 겉뜨기 48코, 왼코겹치기, 3코 겉뜨기, 오른코겹치기, 겉뜨기 60코, 왼코겹치기, 3코 겉뜨기, 오른코겹치기, 겉뜨기 48코로 뜬다. 이렇게 4군데에서 1코씩 모두 4코를 줄이면서 어깨선 모양을 내기 시작한다(65-1-1).
9. 65단과 동일한 양식으로 어깨 부분에 3코 중심을 세우고 양옆에서 4단마다 1코씩 3번(4-1-3)더 줄인다. 이렇게 모두 16코를 줄여 154코를 만든다.
10. 콧수 변화 없이 1단을 그대로 더 뜬 다음(1단평), 62단에 걸친 겉뜨기편 뜨기를 마치고 몸판 154코를 쉼코로 둔다.
11. 17단에서 쉼코로 둔 양쪽 앞단의 9코 쉼코들을 몸판 겉뜨기편과 동일한 22cm 길이가 될 때까지 멍석뜨기로 70단을 뜬 후 쉼코로 둔다. 이 때, 앞단 쪽 첫 코는 겉뜨기편 모양이 되도록 걸러 뜨고, 몸판과 이을 솔기코는 겉뜨기편 모양이 되도록 매단 뜬다.
12. 돗바늘을 이용해 멍석뜨기로 뜬 양쪽 앞단을 몸판 겉뜨기편과 잇는다.
13. 양쪽 앞단 쉼코와 몸판 쉼코를 4mm 바늘로 모두 옮겨 총 170코를 만든 다음, 멍석뜨기로 어깨둘레단을 뜬다.
14. 멍석뜨기로 8단을 뜬 다음, 0.5mm 가는 바늘인 3.5mm로 바꾸어 나머지 단을 마무리해 어깨선의 착용감을 편안하게 만든다.
15. 오른쪽 앞단의 지정된 위치에서 10코씩 코를 주워 버클 끈 2개를 만든 후 버클을 부착한다.
16. 각자 몸에 맞도록 적당한 위치에 3쌍의 똑딱단추를 달아 마무리한다.

# 대바늘뜨기 기초편

## 코 만들기

초보자도 쉽게 따라할 수 있는 간편한 코 만들기 방법으로 신축성이 있고 얇은 것이 특징이다.

바늘 1개로 코를 만드는데, 본판을 뜰 바늘보다 0.5~1mm 굵은 바늘로 코를 만든다. 이렇게 코를 만든 단을 1단으로 여긴다.

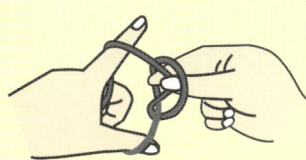

1. 원하는 뜨개 바탕 너비의 약 3배 정도 되는 위치에서 고리를 만들고 그 가운데에서 실을 살짝 잡아당기면 된다.

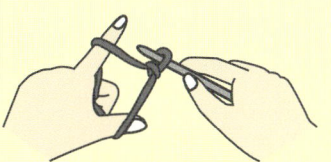

2. 매듭이 만들어진 고리 사이로 바늘을 넣고 실을 부드럽게 잡아당겨 첫 코를 만든다.

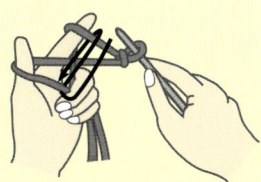

3. 꼬리실에 엄지를, 실 뭉치 쪽 실에는 검지를 걸친 후, 화살표 방향대로 바늘 끝을 지그재그로 움직여 바늘에 실을 건다.

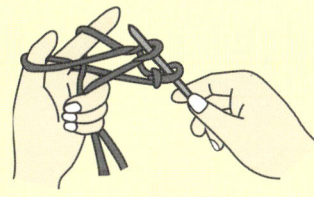

4. 엄지를 건 실에서 엄지를 빼고 제일 앞에 위치한 꼬리실 가닥을 바깥쪽으로 잡아당긴다.

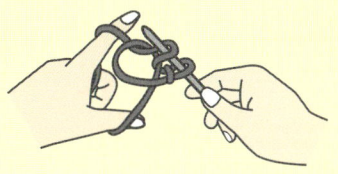

5. 꼬리실을 바깥쪽으로 잡아당겨 조이면 바늘에 1코가 만들어진다.
3, 4, 5 과정을 반복해 원하는 개수만큼 코를 만든다.

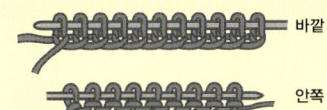

6. 코 만들기 완성.

---

## 실 걸기와 대바늘 잡는 법

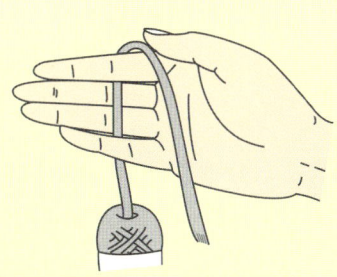

1. 뒤에서 앞쪽으로 오른손의 새끼손가락과 넷째손가락 사이로 실을 통과시키고, 검지와 중지 사이를 통과시켜 다시 뒤쪽으로 보낸 다음 검지를 감싸며 앞쪽으로 걸친다.

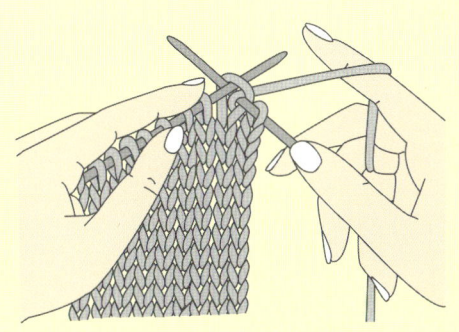

2. 뜨개 바탕은 왼손으로 잡고, 오른손 검지를 들어 올려 실을 팽팽하게 세운다. 이 때 검지는 실의 여유분을 조정하는 중요한 역할을 한다.

### 둥글게뜨기의 코 만들기

**대바늘을 이용한 둥글게뜨기**

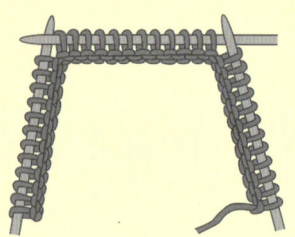
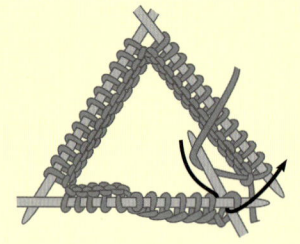

1. 필요한 개수만큼 코를 만든 다음, 3개의 막대바늘로 코를 나눠 옮긴다.

2. 시작 부분을 왼손에 들고, 바깥 면을 바라보면서 첫 번째 코에 오른쪽 바늘을 넣어 마지막 코에 매달려 있는 실을 걸어 둥글게뜨기를 시작한다.

**줄바늘을 이용한 둥글게뜨기**

3. 필요한 콧수에 적절하게 맞는 길이의 줄바늘을 이용해 둥글게뜨기를 하면 코를 빠뜨릴 염려가 없어, 뜨기가 훨씬 쉽다.

### 바늘에 뜨개코가 바르게 걸린 상태

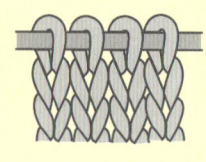
겉뜨기

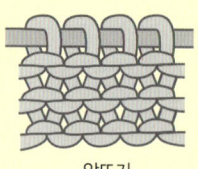
안뜨기

---

### 뜨개코를 읽는 방법

#### 1코 1단

겉뜨기편
| 
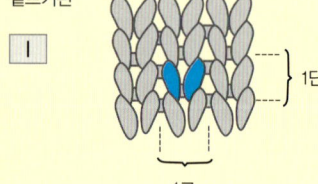
1단 / 1코

안뜨기편
—
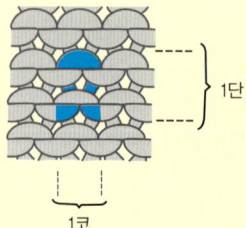
1단 / 1코

#### 가장자리 코 읽기

겉뜨기편
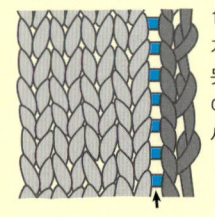
1코 안쪽의 가로실을 돗바늘로 걸어서 이으면 온코 세로잇기가 된다.

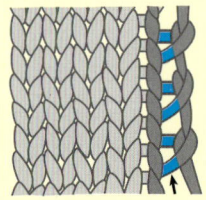
반코 안쪽의 가로실을 돗바늘로 걸어서 이으면 반코 세로잇기가 된다.

안뜨기편
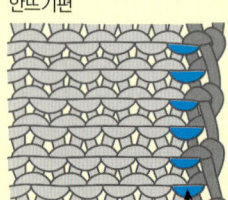
1코 안쪽의 가로실을 돗바늘로 걸어서 이으면 안뜨기편 온코 세로잇기가 된다.

대바늘 뜨기의 기본 기법(게이지를 내는데 필요한 기초 기법 3가지)

### 겉뜨기

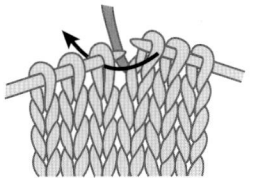 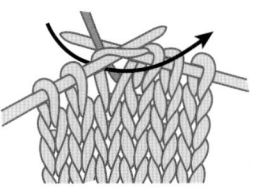 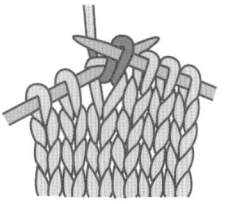 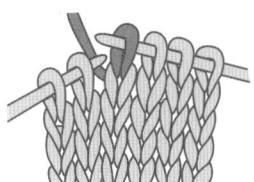

1. 실을 뜨개 바탕 뒤로 둔 채 오른쪽 바늘을 앞에서 뒤쪽으로 왼쪽 바늘의 첫 코 사이로 넣는다.

2. 왼쪽 바늘 아래쪽으로 넣은 오른쪽 바늘에 실을 시계 반대 방향으로 감아준 후, 화살표대로 바늘에 걸친 고리를 앞으로 빼낸다.

3. 오른쪽 바늘에 새로운 코가 만들어진 다음에, 왼쪽 바늘에 있던 아랫단 코로부터 바늘을 뺀다.

4. 겉뜨기 완성.

---

### 안뜨기

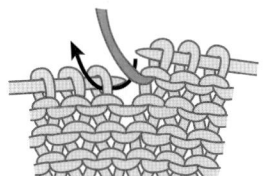 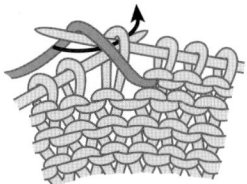 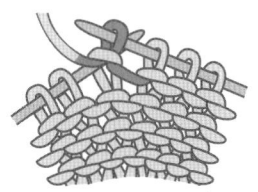 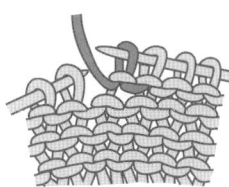

1. 실을 뜨개 바탕 앞쪽에 둔 채, 오른쪽 바늘을 뒤에서 앞 방향으로 왼쪽 바늘의 첫 코 사이로 넣는다.

2. 왼쪽 바늘 앞쪽에 위치한 오른쪽 바늘에 시계 반대 방향으로 실을 돌려 감은 다음, 화살표대로 바늘에 걸쳐진 고리를 뒤로 잡아 뺀다.

3. 오른쪽 바늘에 새로운 코가 만들어진 후, 왼쪽 바늘에 있던 코로부터 바늘을 뺀다.

4. 안뜨기 완성.

---

### 코막기

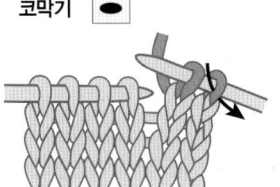 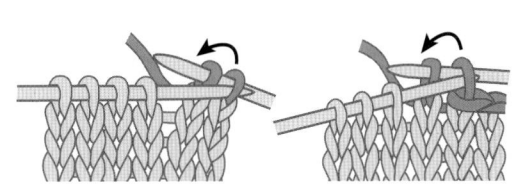 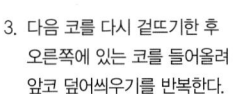 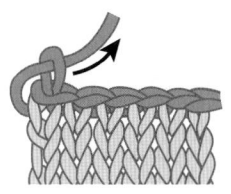

1. 겉뜨기한 2코 중 앞서 뜬 오른쪽 코에 왼쪽 바늘을 넣는다.

2. 왼쪽 바늘을 위로 들어 올려 앞에 있는 코를 덮어 씌운 후 바늘을 빼낸다.

3. 다음 코를 다시 겉뜨기한 후 오른쪽에 있는 코를 들어올려 앞코 덮어씌우기를 반복한다.

4. 마지막 1코 남을 때까지 덮어씌운 후 실을 마지막 코 안쪽으로 잡아당겨 완성한다.

## 기본적인 무늬뜨기와 특징

도안은 항상 뜨개 바탕의 바깥 면에서 보이는 기호로 표시한다. 따라서 도안을 읽으면서 안쪽 면(짝수 단)을 뜰 때는 반드시 반대로 기호를 읽으며 떠야 한다. 즉, 겉뜨기편의 경우 짝수 단 작업 시 도안에 표시된 겉뜨기 기호와는 반대로 안뜨기를 해야만 바깥 바탕에 겉뜨기가 만들어진다.

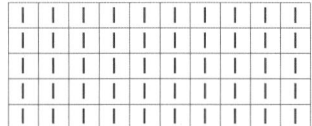

**겉뜨기편**

겉뜨기만으로 이루어진 가장 기본이 되는 매끄러운 뜨개 바탕이다. 바깥 면에서는 모두 겉뜨기를, 안쪽 면에서는 모두 안뜨기를 한다. 뜨개 바탕 좌우 면은 안쪽으로 위아래 면은 바깥쪽으로 둥글게 말린다.

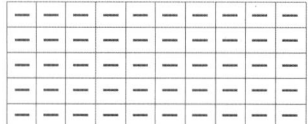

**안뜨기편**

겉뜨기편의 안쪽 면이 안뜨기편으로, 안뜨기만으로 이루어진 뜨개 바탕이다. 바깥 면에서는 모두 안뜨기를, 안쪽 면에서는 모두 겉뜨기를 한다.

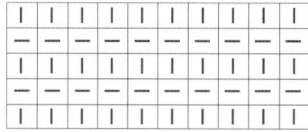

**이랑뜨기(가터뜨기)**

바깥 면과 안쪽 면 모두 겉뜨기를 해서 바깥 면에서 겉뜨기 단과 안뜨기 단이 1단씩 번갈아 배치된 뜨개 바탕으로 2단을 뜨면 1개의 가로 이랑이 만들어진다. 겉뜨기편과 달리 뜨개 바탕이 안팎으로 말리지 않으며, 세로 방향의 신축성이 뛰어나지만 겉뜨기편과 같은 단수를 떴을 때 길이가 상대적으로 짧아진다.

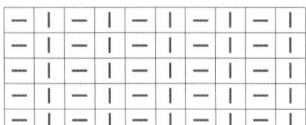

**1코 고무뜨기(1X1 고무뜨기)**

겉뜨기와 안뜨기를 1코씩 번갈아 뜬 뜨개 바탕으로, 바깥 면에서 겉뜨기 1코, 안뜨기 1코를 반복하고, 안쪽 면에서는 아랫단 코와 같은 모양으로 뜨면서 1코 너비의 세로 골을 만든다. 고무처럼 가로 방향의 신축성이 좋아 고무뜨기라고 하며, 뜨개 바탕이 안팎으로 말리지 않아 손개 작품의 밑단, 목둘레 등 가장자리에 많이 사용한다.

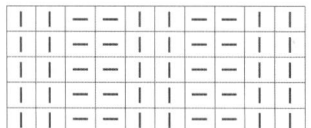

**2코 고무뜨기(2X2 고무뜨기)**

겉뜨기와 안뜨기를 가로 방향으로 2코씩 교대로 뜬 뜨개 바탕으로, 바깥 면에서 겉뜨기와 안뜨기를 2코씩 번갈아가며 뜨고, 안쪽 면에서는 아랫단 코와 같은 모양으로 떠, 2코 너비의 세로 골을 세운다. 고무뜨기는 겉뜨기편과 같은 콧수로 떴을 때 상대적으로 가로 폭이 좁아지며 가로 방향의 신축성이 크다.

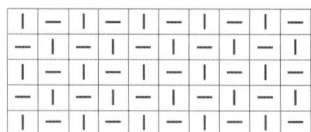

**멍석뜨기**

바깥 면에서는 1코 고무뜨기를 하듯 겉뜨기와 안뜨기를 1코씩 번갈아 뜨고, 안쪽 면에서는 아랫단 코와 반대로 떠서 가로 세로 방향 모두 코가 1코씩 엇갈리게 만든 입체적인 뜨개 바탕이다.

뜨기 기호와 방법

### 오른코겹치기 ⊠

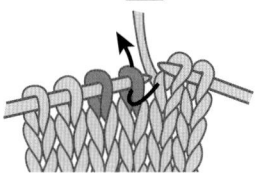 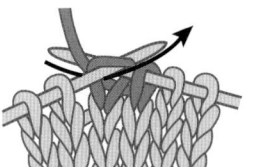 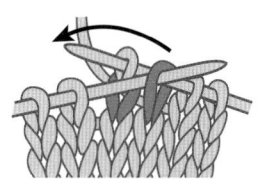 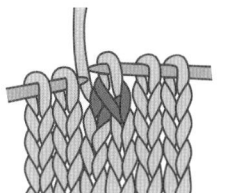

1. 겹쳐 뜰 2코 중 첫 번째 코를 뜨지 않고 마치 겉뜨기하듯 오른쪽 바늘로 위치만 옮기며 걸러뜨기를 한다.
2. 다음 코를 겉뜨기한다.
3. 걸러 뜬 코에 왼쪽 바늘 넣어서 겉뜨기한 코 위로 덮어씌워 1코를 줄인다.
4. 오른코겹치기 완성.

---

### 왼코 겹치기 ⊠

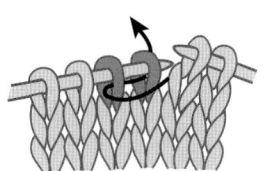 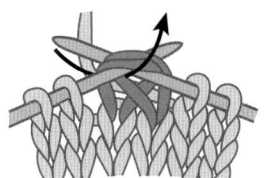 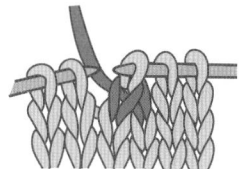

1. 오른쪽 바늘을 다음 2코에 왼쪽부터 오른쪽 방향으로 바늘을 질러 넣는다.
2. 실을 감아 빼서 2코를 한꺼번에 겉뜨기해 1코를 줄인다.
3. 왼코겹치기 완성.

---

### 오른코겹쳐안뜨기 ⊠

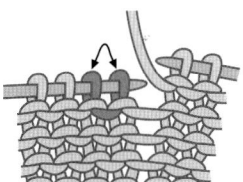 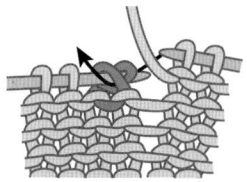 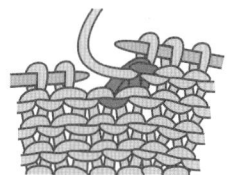 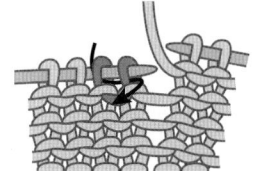

1. 겹쳐 뜰 2코의 순서를 오른쪽 코가 앞쪽으로 올라오도록 코의 순서를 바꿔 놓는다.
2. 화살표 방향으로 바늘을 넣어 2코를 한꺼번에 안뜨기한다.
3. 오른코겹쳐안뜨기 완성.
4. 2코의 순서를 바꾸는 또 다른 방법으로, 화살표 방향으로 바늘을 질러 넣어 2코를 한꺼번에 안뜨기해도 된다.

## 왼코겹쳐안뜨기

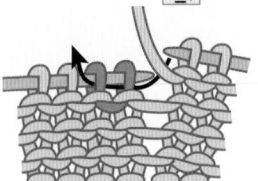 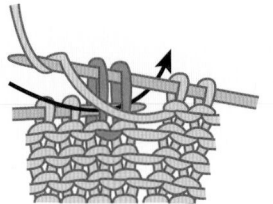 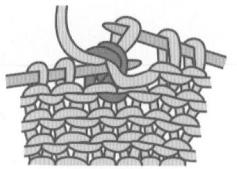 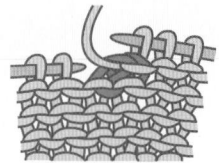

1. 오른쪽 바늘을 다음 2코의 오른쪽으로부터 왼쪽 방향으로 바늘을 넣는다.
2. 바늘에 실을 감아 화살표 방향으로 뺀다.
3. 2코 한꺼번에 안뜨기해 1코를 줄인다.
4. 왼코겹쳐안뜨기 완성.

---

## 가운데위3코겹치기

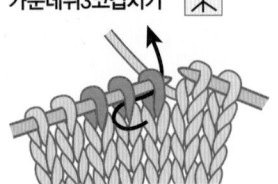 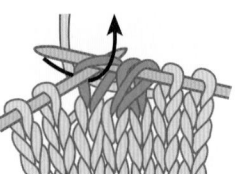 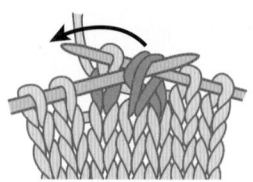 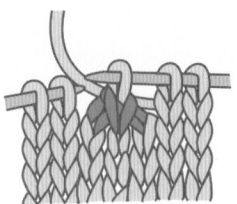

1. 왼쪽 바늘의 2코에 화살표 방향으로 오른쪽 바늘을 넣어서 뜨지 않고 바늘 위치만 옮긴다.
2. 왼쪽 바늘에 있는 다음 코를 겉뜨기 한다.
3. 오른쪽 바늘로 옮겨놓은 2코를 방금 전에 겉뜨기한 코 위로 한꺼번에 덮어씌워서 3코를 1코로 만들며 2코를 줄인다.
4. 가운데위3코겹치기 완성

---

## 오른코위3코겹치기

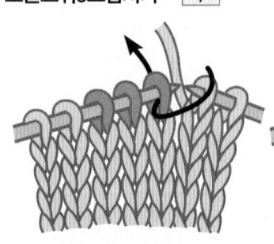 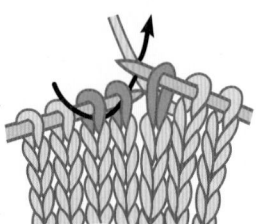 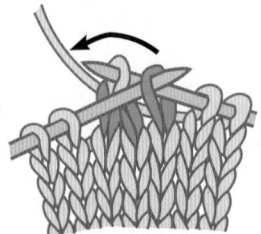 

1. 첫 번째 코는 뜨지 않고 마치 겉뜨기하듯 오른쪽 바늘로 옮긴다.
2. 왼쪽 바늘에 있는 다음 2코를 한꺼번에 겉뜨기한다.
3. 오른쪽 바늘로 옮겨둔 걸러 뜬 코에 왼쪽 바늘을 넣어 2코를 함께 뜬 코 위로 덮어씌우며 2코를 줄인다.
4. 오른코위3코겹치기 완성.

---

## 왼코위3코겹치기

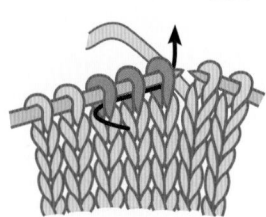 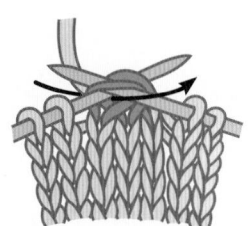  

1. 왼쪽 바늘의 3코에 겉뜨기 하듯 바늘을 질러 넣는다.
2. 실을 감아 화살표대로 3코에서 1개의 고리를 당겨 빼낸다.
3. 3코를 한꺼번에 겉뜨기해 3코를 1코로 만들며 2코 줄인다.
4. 왼코위3코겹치기 완성.

## 오른코늘리기 ⎡

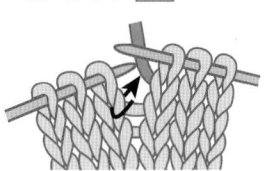 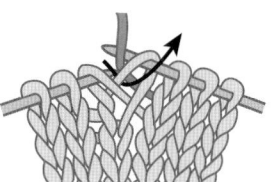 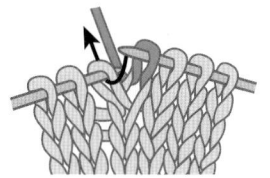 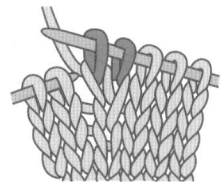

1. 왼쪽 바늘의 1단 아래 코에 오른쪽 바늘을 앞에서 뒤쪽으로 넣는다.
2. 실을 감아 화살표 방향으로 당겨 빼내어 겉뜨기를 한다.
3. 왼쪽 바늘에 걸려 있는 코도 그대로 겉뜨기해 오른쪽 방향으로 1코 늘린다.
4. 오른코늘리기 완성.

---

## 왼코늘리기 ⎤

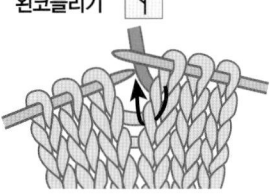 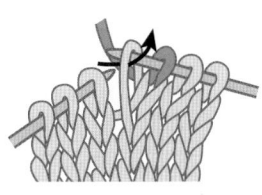 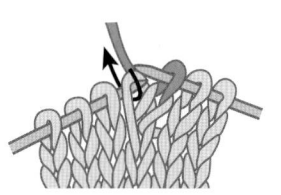 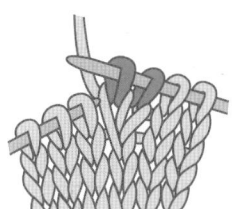

1. 오른 쪽 바늘의 코 2단 아래 코 사이로 오른쪽 바늘을 앞에서 뒤쪽으로 넣는다.
2. 오른쪽 바늘로 코를 끌어올린 후, 왼쪽 바늘을 뒤에서 앞 쪽으로 끌어올린 코 사이로 넣는다.
3. 끌어올린 코 사이로 오른쪽 바늘을 화살표 방향으로 넣어 겉뜨기해 왼쪽 방향으로 1코를 늘린다.
4. 왼코늘리기 완성.

---

### 감아뜨기로 코 늘리기
모헤어 삼각 쇼올에 사용한 기법으로 p44 참조.

### 겉뜨기로 뜨면서 여러 코 늘리기
히피풍 귀 가리개 모자에 사용한 기법으로 p35 참조.

---

## 꼬아뜨기로 코 늘리기 ⎰

### 오른쪽

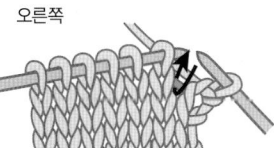 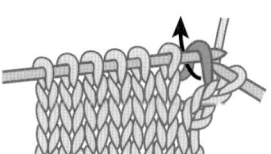 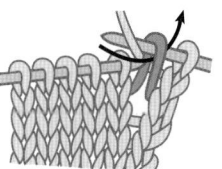 

1. 첫 코를 뜬 후, 코와 코 사이에 있는 가로 방향 실을 왼쪽 바늘로 앞쪽에서 들어 올린다.
2. 들어올린 실에 화살표 방향으로 오른쪽 바늘을 넣는다.
3. 화살표 방향으로 실을 잡아 빼내며 코를 왼쪽 방향으로 꼬아 뜨며 겉뜨기한다.
4. 코 늘리기가 완성된 모양.

### 왼쪽

 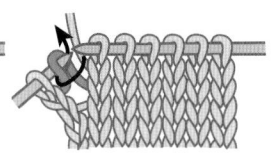  

1. 마지막 1코가 남을 때까지 뜬 후, 마지막 코 사이에 있는 가로 방향 실을 뒤쪽에서 바늘로 들어 올린다.
2. 들어올린 실에 화살표 방향으로 오른쪽 바늘을 넣는다.
3. 오른쪽 방향으로 코를 꼬아주며 겉뜨기한다.
4. 코 늘리기가 완성된 모양.

### 구멍 만들기

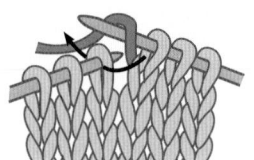 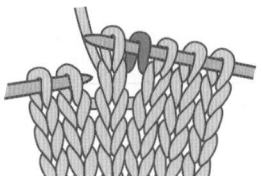 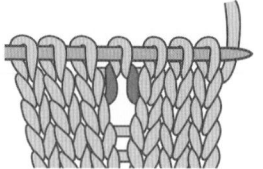

1. 오른쪽 바늘에 실을 앞에서 뒤쪽으로 걸쳐준 후, 다음 코를 겉뜨기한다.
2. 실이 바늘 위로 걸쳐지며 1코가 늘어난다.
3. 안뜨기할 때 바늘 위로 걸쳐진 코를 꼬임 없이 안뜨기해 구멍을 만든다.

---

### 걸러뜨기

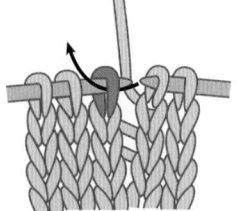 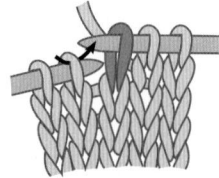 

1. 실을 뜨개 바탕 뒤쪽에 두고 왼쪽 바늘의 코를 뜨지 않고 화살표 방향으로 안뜨기하듯 바늘을 넣어 오른쪽 바늘로 바늘 위치만 옮긴다.
2. 다음 코부터는 늘 하던 방식대로 겉뜨기한다.
3. 걸러뜨기 완성.

---

### 걸쳐뜨기

 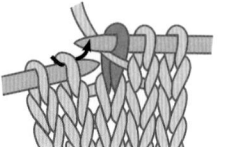 

1. 실을 뜨개 바탕 앞쪽에 두고 왼쪽 바늘의 코를 뜨지 않고 화살표 방향으로 안뜨기 하듯 바늘을 넣어 오른쪽 바늘로 바늘 위치만 옮긴다.
2. 다음 코부터는 늘 하던 방식대로 겉뜨기한다.
3. 걸쳐뜨기 완성.

---

### 2단 끌어올리기

  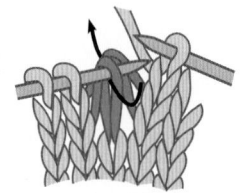 

1. 바늘에 실을 걸치고 다음 코를 뜨지 않고 바늘 위치만 옮긴다.
2. 다음 단(안쪽 면)에서도 한 번 더 실을 감아주고 동일한 코를 뜨지 않고 바늘 위치만 옮긴다.
3. 그 다음 단(바깥 단)에서 이전의 2단에 걸쳐 위로 끌어올린 코와 바늘에 걸친 2가닥의 실을 한꺼번에 겉뜨기한다.
4. 2단 끌어올리기 완성.

### 2X2 오른코위꽈배기뜨기

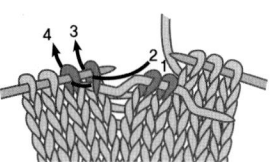
1. 왼쪽 바늘의 2코(1·2번 코)를 꽈배기바늘로 옮겨 뜨개 바탕 앞쪽으로 내려놓는다.

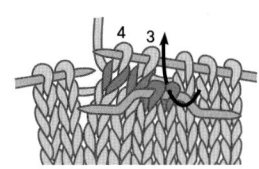
2. 다음 2코(3·4번코)를 번호 순서대로 겉뜨기한 후, 앞쪽에 내려놓은 2코 중 오른쪽 코(1번코)부터 먼저 겉뜨기한다.

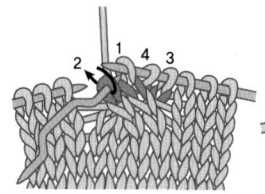
3. 번호 순서대로 2번 코를 겉뜨기한다.

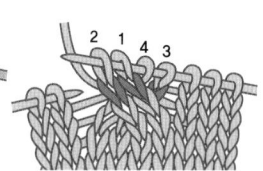
4. 2X2 오른코위꽈배기 뜨기 완성.

---

### 2X2 왼코위꽈배기뜨기

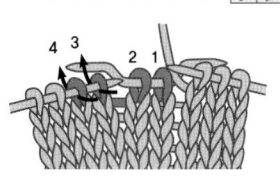
1. 왼쪽 바늘에 있던 2코(1·2번 코)를 꽈배기바늘로 옮겨 뜨개 바탕 뒤쪽으로 내려놓는다.

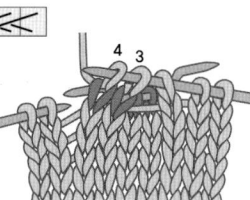
2. 다음 2코(3·4번 코)를 번호 순서대로 겉뜨기한다.

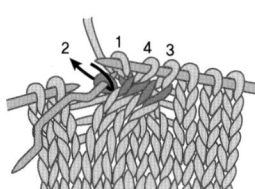
3. 뒤쪽에 내려놓은 2코 중 오른쪽 코(1번 코)를 먼저 겉뜨기한 다음 2번 코를 겉뜨기한다.

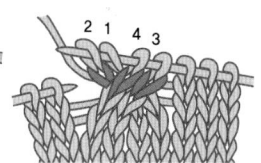
4. 2X2 왼코위 꽈배기 뜨기 완성.

---

### 단춧구멍 만들기

1코 단춧구멍 만들기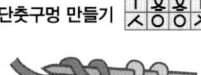

* 후드 넥 워머에 사용한 기법으로 p53 참조.

### 2코 단춧구멍 만들기

1. 오른코겹치기로 1코 줄인 다음 오른쪽 바늘에 실을 2번 감아 걸기코 2개를 만든다. 다음 2코를 왼코겹치기로 뜬다.

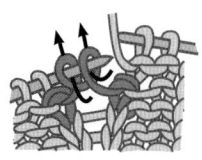
2. 다음 단(안쪽 면)에서 이전 단에서 바늘에 걸친 걸기코를 1코씩 차례로 꼬아뜨기한다.

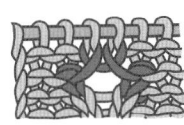
3. 나머지 코들도 무늬대로 뜬다.

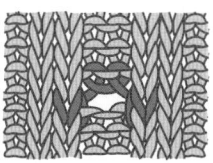
4. 2코 단춧구멍 완성. 항상 단춧구멍은 안뜨기 부분에서 만든다.

### 되돌아뜨기

회오리 머플러에서 주로 사용한 기법으로 p58 참조. 후드 워머, 캐시미어 후드 머플러에도 사용된 기법이다.

---

### 배색하는 방법

#### 가로 배색하기

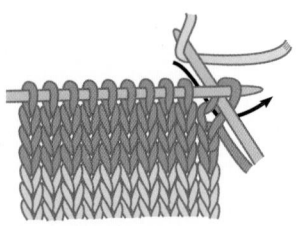 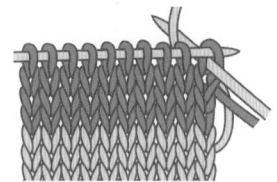

1. 단 끝에서 이전까지 뜨던 실을 아래로 내려놓고, 새로운 배색실을 첫 코에서 바늘로 연결해 뜬다.

2. 다시 이전 실로 바꿀 경우, 새 배색 실을 앞쪽으로 두어 실이 엉키지 않게 한 뒤 뒤쪽으로 돌려서 뜬다.

#### 세로 배색하기

* 펠트 쇼퍼백에 사용한 기법으로 p113 참조.

---

### 단에서 코줍기

**겉뜨기편**

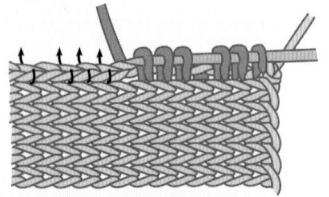

가장자리에서 1코 안으로 들어온 온 코에 대바늘을 넣어 실을 감아 고리를 빼내어 코를 줍는다. 이때, 줍기 간격을 계산해 간격에 맞게 일정하게 코를 주워야 한다. 4단에서 3코 줍기가 가장 보편적인 줍기 간격이다.
* 후드 넥 워머(p50)와 꽈배기 넥 워머(p18)에 사용한 기법이다.

**안뜨기편**

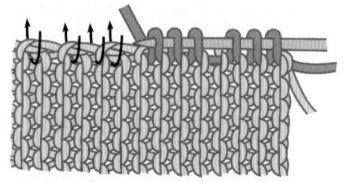

줍기 간격에 맞춰 온코로 대바늘을 넣어 코를 줍는다.

**이랑뜨기**

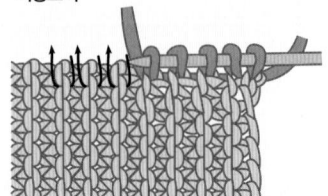

화살표 방향대로 오목하게 파인 코에 대바늘을 넣어 코를 줍는다.

### 실 잇기와 꼬리 감추기

**실 묶어서 잇기**

 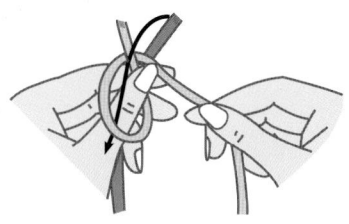  

1. 새 실을 뒤쪽에 두고 두 실을 교차한 후 엄지와 검지로 실을 잡고 화살표 방향으로 실을 돌린다.
2. 그림처럼 고리 모양을 만들어 두 실 사이로 새 실을 통과시켜 앞으로 내린 후 고리 사이로 실을 화살표 방향대로 통과시킨다.
3. 새 실을 화살표 방향대로 잡아 당겨 매듭을 짓는다.
4. 완성된 모양.

---

**가장자리에서 실꼬리 감추기**

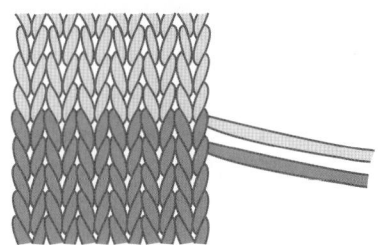 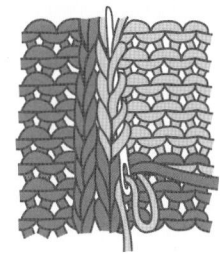

1. 양쪽 실 꼬리를 15cm 정도 남기고 느슨하게 묶어 둔 채로 계속 뜬다.
2. 뜨기를 마친 후 느슨하게 묶어 둔 꼬리실들을 다시 풀어서 가볍게 묶어준 후, 돗바늘을 이용해 솔기코 사이로 통과시켜 감춘다. 6~7cm 정도 감추고 나서 남은 실들은 잘라낸다.

---

**중간에서 실 잇고 꼬리 감추기**

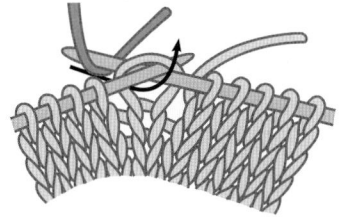 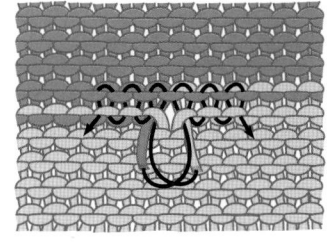

1. 실 꼬리를 15cm 정도 남기고 느슨하게 매듭지어둔 채로 계속 뜬다.
2. 돗바늘을 이용해 꼬리실들을 그림처럼 각각 진행 방향에 맞게 실의 흐름을 따라 자연스럽게 감춘다.

## 세로 잇기와 가로 잇기

### 겉뜨기편 세로 잇기

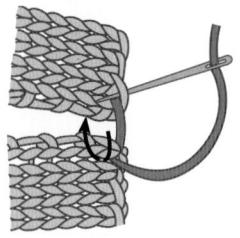

1. 이어야 할 2조각의 바깥 면이 보이도록 나란히 이어놓고, 첫 단의 코와 코를 가장자리에서 1코(솔기코) 안쪽에 온코로 바늘을 넣어 8자 모양으로 연결한다.

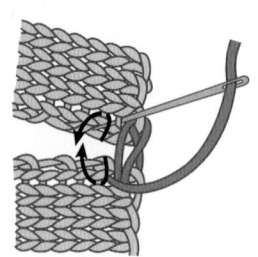

2. 2조각의 가장자리로부터 첫째 코와 2번째 코 사이에 가로로 누워 있는 실을 한 가닥씩 번갈아가며 바늘로 줍는다. 경우에 따라 2가닥씩 줍기도 한다.

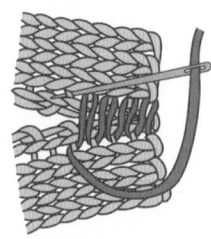

3. 이은 실이 보이지 않을 정도로 적절하게 잡아당겨 2조각을 잇는다. 굵은 실의 경우에는 솔기를 얇게 만들기 위해 온코 대신 가장자리에서 반코만 들어가서 잇는 반코 세로잇기를 하기도 한다.

\* 롱 암 워머(p39)와 강아지 스웨터(p64)를 비롯해 대부분의 몸판 옆선 잇기에 널리 사용되는 기법이다.

### 이랑뜨기편 세로 잇기

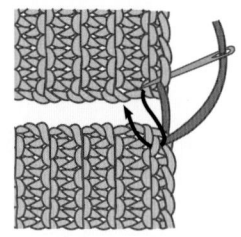

1. 2조각의 이을 부위를 바깥 면이 보이도록 나란히 놓고, 첫 단의 코와 코를 그림과 같이 바늘을 넣어 연결한다.

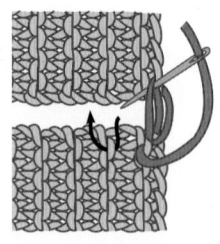

2. 한쪽은 아래로 오목하게 파인 실에, 반대편은 위로 볼록하게 솟은 실을 바늘로 교대로 줍는다. 이랑뜨기는 1단 걸러 실을 줍는다.

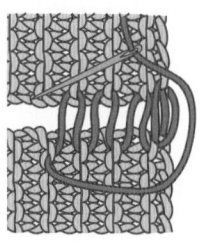

3. 이은 실이 보이지 않을 정도로 적절한 세기로 잡아당겨서 2조각을 잇는다.

**코바늘로 겉뜨기편 가로 잇기**  \* 후드 머플러에 사용한 기법으로 p49 참조.

**코막음된 겉뜨기편 가로 잇기**  \* 꽈배기 넥 워머에 사용한 기법으로 p21 참조.

### 안뜨기편 세로 잇기

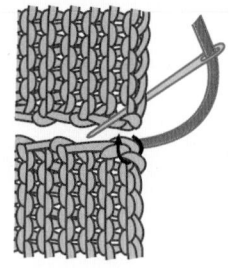

1. 이어야 할 2조각의 바깥 면이 보이도록 나란히 놓고, 코를 만들고 남은 꼬리실을 이용해 화살표 방향대로 돗바늘을 통과시킨다.

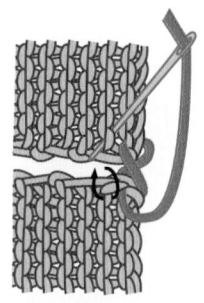

2. 좌우 양쪽 모두 가장자리로부터 첫 번째 코와 두 번째 코 사이에 오목하게 누워 있는 실을 번갈아 줍는다.

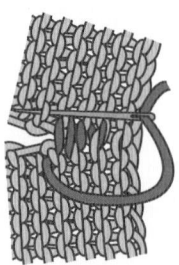

3. 좌우 1단씩 차례대로 실을 주워가며 2조각을 잇는다.

## 코바늘뜨기 기초편

### 코바늘뜨기 기본 익히기

**실 걸기와 코바늘 잡는 법**

**오른손 – 바늘 잡는 법**
바늘 끝에서 4cm 정도 되는 지점을 오른손의 엄지와 검지로 가볍게 잡고, 가운데 손가락을 바늘 끝 쪽에 얹는다.

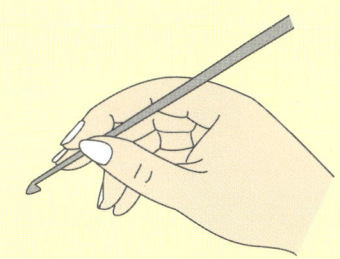

**왼손 – 실을 걸치는 방법**

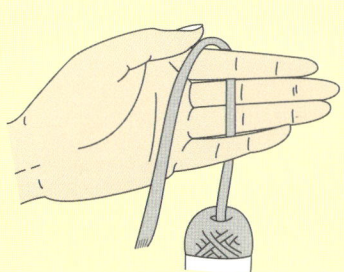

1. 뒤에서 앞쪽으로 왼손의 새끼손가락과 넷째손가락 사이로 실을 통과시키고, 검지와 중지 사이를 통과시켜 다시 뒤쪽으로 보낸 다음 검지를 감싸며 앞쪽으로 걸친다.

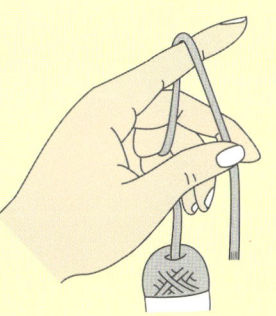

2. 실 끝을 4~5cm 남기고 왼손 엄지와 중지로 잡은 후, 검지를 들어 올려 실을 팽팽하게 세운다.

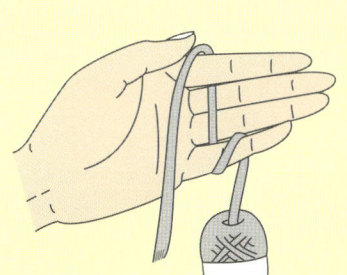

3. 실이 미끄럽거나 가는 경우에는 그림처럼 새끼손가락에 한 번 더 감아준다.

## 코바늘뜨기 기호와 방법

### 사슬뜨기 ◯

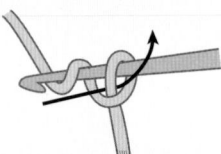 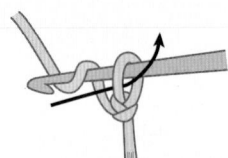 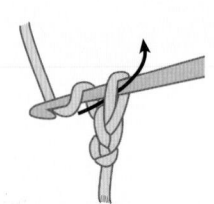 

1. 실을 바늘에 감아서 고리를 만든 후 화살표 방향으로 실을 감아 고리 사이로 빼낸다.
2. 꼬리 실을 잡아당겨 고리 크기를 조절하며 시작코를 만든 다음, 고리 사이로 실을 감아 빼낸다.
3. 사슬뜨기 1코가 완성된 모양으로 2번째 코 사이로 실을 감아 빼낸다.
4. 사슬뜨기 3코가 완성된 모양으로, 사슬뜨기의 콧수를 셀 때 바늘에 걸려 있는 코는 하나의 코로 세지 않는다.

---

### 빼뜨기 ●

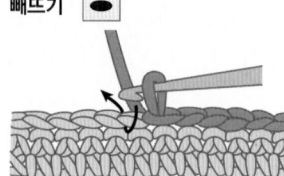 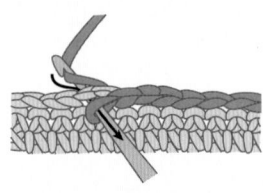

1. 다음 코에 화살표 방향을 따라 온코로 바늘을 넣는다.
2. 바늘에 실을 감아 바늘에 걸쳐있던 코 사이로 한번에 빼낸다. 별도의 기둥 세코 없이 작업하는 빼뜨기를 할 때에는 뜨개 바탕이 오그라들지 않도록 게이지에 맞춰 편안하게 실을 감아 빼낸다.

---

### 짧은뜨기 ✚

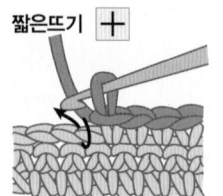 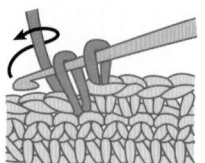 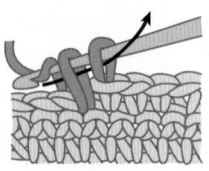 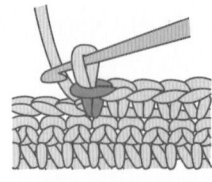

1. 다음 코에 사슬 모양 전체가 바늘에 걸리도록 온코로 코바늘을 넣어 실을 감아 제자리로 돌아온다. 이때 바늘에 2개의 고리가 걸쳐지게 된다.
2. 화살표 방향대로 바늘을 돌려 실을 감는다.
3. 감은 실을 바늘에 걸쳐 있는 2개의 고리 사이로 한번에 빼낸다.
4. 짧은뜨기 1코를 완성한 모양. 단을 시작할 때 사슬 1코로 세운 기둥코는 높이를 맞추기 위한 것으로 짧은뜨기의 콧수를 셀 때 1개의 코로 세지 않는다.

---

### 중간 긴뜨기 T

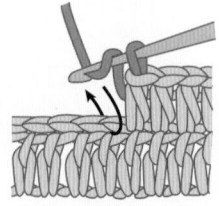 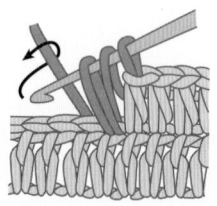 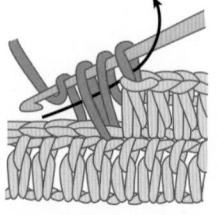 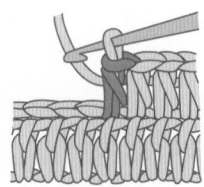

1. 바늘에 실을 한 번 감아주고, 다음 코에 온코로 코바늘을 넣어 다시 한번 실을 감아 제자리로 돌아온다. 이 때 바늘에 3개의 고리가 걸쳐지게 된다.
2. 화살표 방향대로 바늘을 돌려 실을 감는다.
3. 감은 실을 바늘에 걸쳐 있는 3개의 고리로 모두 통과시켜 한번에 빼낸다.
4. 중간긴뜨기 1코를 완성한 모양. 단을 시작할 때 사슬 2코로 세운 기둥코도 중간긴뜨기의 콧수를 셀 때 1개의 코로 여긴다.

### 한길긴뜨기

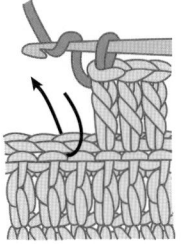 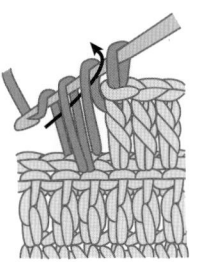 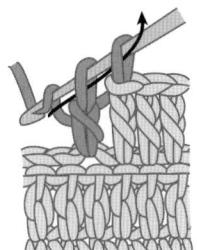 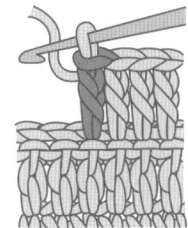

1. 바늘에 실을 한 번 감아주고, 다음 코에 온코로 코바늘을 넣어 다시 한 번 실을 감아 제자리로 돌아온다. 이 때 바늘에 3개의 고리가 걸쳐지게 된다.

2. 실을 감아서 바늘에 걸쳐 있는 3개의 고리 중 앞쪽 2개로만 통과시켜 빼낸다.

3. 바늘에 또 다시 실을 감아 남아 있는 2개의 고리 사이로 빼낸다.

4. 한길긴뜨기 1코를 완성한 모양. 단을 시작할 때 사슬 3코로 세운 기둥코도 한길긴뜨기의 콧수를 셀 때 1개의 코로 여긴다.

---

### 두길긴뜨기

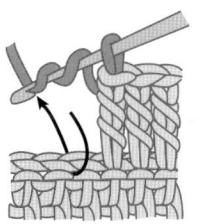 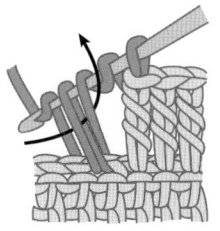 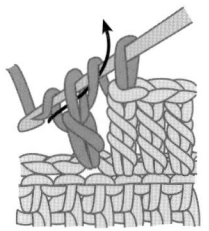 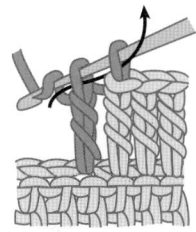

1. 바늘에 실을 2번 감은 채로, 다음 코에 온코로 코바늘을 넣어 다시 한 번 실을 감아 제자리로 돌아온다. 이 때 바늘에 4개의 고리가 걸쳐지게 된다.

2. 실을 감아서 바늘에 걸쳐 있는 4개의 고리 중 앞쪽 2개 사이로 먼저 빼낸다.

3. 또 다시 감은 실을 바늘에 걸쳐 있는 3개의 고리 중 앞쪽 2개로 통과시켜 빼낸다.

4. 바늘에 실을 한 번 더 감아서 남은 2개의 고리 사이로 빼낸다. 단을 시작할 때 사슬 3코로 세운 기둥코도 한길긴뜨기의 콧수를 셀 때 1개의 코로 여긴다.

---

### 되돌려짧은뜨기

\* 귀 가리개 모자(p30)의 가장자리 사용한 기법이다.

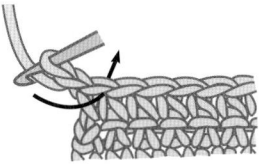 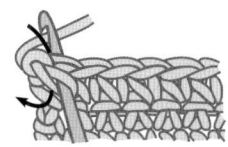 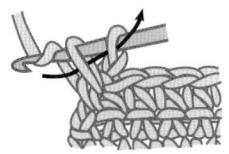 

1. 왼쪽에서 오른쪽으로 떠 나가며 사슬 1코 기둥을 세우고 화살표대로 바늘을 넣는다.

2. 실을 바늘에 한 번 감아 화살표대로 빼내어 고리 1개를 만든다.

3. 실을 다시 한 번 감아 바늘에 걸쳐 있는 2개의 고리 사이로 빼낸다.

4. 되돌려짧은뜨기 4코 완성.

**단주(丹珠)를 소개합니다**

붉은 구슬이라는 의미의 단주는 2004년 12월 삼청동 작은 골목에 문을 연 패션 & 크래프트 아트 스튜디오입니다. 마음을 풍요롭게 해주는 행복한 손뜨개, 나만의 스타일을 돋보이게 하는 디자인 손뜨개를 지향하는 단주는 이곳을 방문하는 사람들에게 숨가쁘게 돌아가는 일상을 한 템포 늦춰주는 따뜻하고 여유로운 공간으로 사랑받고 있습니다. 세상에 하나밖에 없는 손뜨개 작품을 만드는데 필요한 좋은 실과 도구, 다양한 핸드메이드 제품을 판매하고 있으며, 단주의 독특한 손뜨개 제품을 손수 만들 수 있는 DIY 강좌도 회원제로 운영하고 있습니다.
문의 서울시 종로구 삼청로 65-4, 02-720-1127 www.danju.co.kr

**Special Thanks to** …

책을 기획하던 첫 날부터 지금까지 함께 고민하면서 부지런히 손을 놀려준 이미화 실장과 박주순, 김성인, 강유리, 고명인, 신혜정 모람님, 자신이 만든 작품을 흔쾌히 협찬해주신 양혜원, 홍성미 모람님, 그리고 복잡한 작업지시서를 해독하며 컴퓨터 파일로 정리하고 작품 뒷마무리로 매우 바빴던 단주지기 혜인과 소희, 스타일리스트이자 메인 모델로 1인 2역을 담당하느라 촬영 기간 내내 숨 돌릴 틈이 없었던 주리, 고모 잘못 둔 덕분에(?) 난생 처음으로 경험하는 카메라 플래시 샤워에 쑥스러운 몸살을 앓았던 철주, 조만간 엄청 유명해질 연기자 데뷔 1년차 연주, 우리 모두에게 사랑스럽고 앙증맞은 웃음을 선사한 나현 공주, 웬만한 사람보다 훨씬 더 포토제닉한 표정으로 우리를 웃게 만든 화이트테리어 비쥬양, 단주의 작품을 더욱 빛나게 만들어주신 모든 분들께 고마운 마음을 전합니다.

**도움을 주신 분들**

| | |
|---|---|
| 스타일링 | 김주리, 이미화 |
| 모델 | 김주리, 이철주, 정연주, 김나현 |
| 메이크업 | 이종숙(010-9769-8811) |
| 일러스트 | 김혜인, 이소희 |
| 의상 협찬 | FUGA eff. BY LIQUID(디자이너 유은정, 02-2233-5560) |
| 장소 협찬 | tour de table(www.ttoma.com, 02-792-5758) |
| | 워터 스트리트(www.waterstreet.co.kr, 02-514-0765) |

design DIY 01

## 반가워, 손뜨개
처음 떠보는 머플러, 모자, 그리고 장갑

이해옥 지음

| | |
|---|---|
| 1판1쇄 | 펴낸날 2011년 12월 3일 |
| 1판2쇄 | 펴낸날 2012년 10월 15일 |

| | |
|---|---|
| 펴낸이 | 이영혜 |
| 펴낸곳 | 디자인하우스 |
| | 서울시중구 장충동2가 162-1 태광빌딩 |
| | 우편번호 100-855 중앙우체국 사서함 2532 |
| 대표전화 | (02) 2275-6151 |
| 영업부직통 | (02) 2263-6900 |
| 팩시밀리 | (02) 2275-7884, 7885 |
| 홈페이지 | www.design.co.kr |
| 등록 | 1977년 8월 19일, 제2-208호 |

| | |
|---|---|
| 편집장 | 김은주 |
| 편집팀 | 장다운, 공혜진 |
| 디자인팀 | 김희정, 김지혜 |
| 사진 | 장진영(artjang00@naver.com), 어시스트 박준한 |
| 마케팅팀 | 도경의 |
| 영업부 | 김용균, 오혜란, 고은영 |
| 제작부 | 이성훈, 민나영 |
| 출력인쇄 | 신흥 P&P |

Copyright ⓒ 2011 by Lee Hae Ok

이 책은 저자 이해옥과 (주)디자인하우스의 독점 계약에 의해 출간되었으므로 이 책에 실린 내용의 무단 전재와 무단 복제를 금합니다.
(주)디자인하우스는 김영철 변호사·변리사(법무법인 케이씨엘)의 법률 자문을 받고 있습니다.

ISBN 978-89-7041-574-1

가격 15,000원

이 도서의 국립중앙도서관 출판시도서목록(CIP)은 eCIP홈페이지(http://www.nl.go.kr/ecip)와
국가자료공동목록시스템(http://www.nl.go.kr/kolisnet)에서 이용하실 수 있습니다(CIP제어번호: CIP2011005046).